Folgendes ist der Gemeinde bekanntzugeben

...

Heiteres und Besinnliches
rund um den Kirchturm

Uwe Czubatynski

Folgendes ist der Gemeinde bekanntzugeben ...

Heiteres und Besinnliches rund um den Kirchturm

Mit Zeichnungen von Ludwig Krause

Verlag Traugott Bautz
Nordhausen 2018

Bibliographische Information der Deutschen Nationalbibliothek:

Die Deutsche Nationalbibliothek verzeichnet diese Publikation in der Deutschen National- bibliographie; detaillierte bibliographische Daten sind im Internet über http://dnb.d-nb.de abrufbar.

Meiner lieben Frau zum Geburtstag gewidmet.

Verlag Traugott Bautz GmbH, Nordhausen (www.bautz.de)

ISBN 978-3-95948-370-4

Inhaltsverzeichnis

Vorwort

Von komischen Situationen und kuriosen Vorkommnissen kann wahrscheinlich jeder Berufsstand zur Genüge berichten. Sie treten immer dann ein, wenn die Ereignisse einen unvorhergesehenen Verlauf nehmen. Wenn nun ausgerechnet Pastoren von solchen Zufällen berichten, dann könnte es deshalb interessant sein, weil ihr Tun auch heute noch von der Öffentlichkeit besonders genau beobachtet wird. Leider aber finden Kirche und Humor nur gelegentlich zueinander. Immerhin haben, um ein Beispiel aus jüngerer Zeit zu nennen, die gezeichneten Karikaturen von Tiki Küstenmacher weite Verbreitung gefunden. Sie erfreuen sich zu Recht großer Beliebtheit, weil sie durchaus ernste Themen mit einem Augenzwinkern aufgreifen und deshalb zu neuem Nachdenken anregen. Aus älterer Zeit ist mir besonders ein Büchlein von Gerhard Bosinski in Erinnerung geblieben, das in wunderbarer Weise von seinen Erfahrungen mit dem Güstrower Dom berichtet hat (die erste von sechs Auflagen erschien 1970 in der Evangelischen Verlagsanstalt Berlin).

Nun hat es auch mich selbst gedrängt, zwei Dutzend kurze Geschichten aufzuschreiben. Ein guter Teil dieser Erzählungen ist während eines Familienurlaubs auf einer Insel im Süden Dänemarks entstanden, ein anderer Teil in meinem kleinen Studierzimmer in der Prignitz.

Sie schildern keine weltbewegenden Ereignisse, sondern oft nur kurze Momente, die sich aber in besonderer Weise dem Gedächtnis eingeprägt haben. Ich lasse sie nun drucken in der Hoffnung, dass sich mancher Leser in den geschilderten Verhältnissen wiederfinden wird. In zeitlicher Hinsicht bewegen sich die Episoden zwischen meiner Schulzeit und der Gegenwart. Die überwiegende Zahl gehört aber in diejenigen dreizehn Jahre, die ich als Gemeindepfarrer in Bad Wilsnack und Rühstädt tätig gewesen bin. Nicht berücksichtigt ist meine Studienzeit in Berlin, weil ich deren Erlebnisse schon an anderer Stelle festgehalten habe. Ausgeklammert werden mussten selbstverständlich solche Dinge, die der seelsorgerlichen Schweigepflicht unterliegen oder lebenden Personen zu nahe treten könnten.

Herzlich zu danken habe ich Herrn Ludwig Krause (Berlin), der sich bereitgefunden hat, diesen Band mit seinen Zeichnungen anschaulich und ansehnlich zu machen. Als Motive sind zwölf von denjenigen Kirchen ausgewählt, die in den Geschichten eine Rolle spielen. Mit einer Ausnahme handelt es sich um Orte in der Prignitz. Die gewählte Zahl macht jedoch schon deutlich, dass Geschichte und Bild keine Einheit darstellen. Vielmehr mögen die Zeichnungen dazu anregen, den Reichtum dieser Landschaft selbst zu erkunden.

Wer zwischen den Zeilen zu lesen vermag, wird in den Beiträgen manche Kritik, genauso aber auch Selbstkritik heraushören können. Und überhaupt sollen die Geschichten nicht nur vordergründig lustige Momente festhalten, sondern auch etwas von den dazugehörigen Hintergründen mitteilen. Bei alledem hoffe ich, dass der Humor nicht auf der Strecke geblieben ist. Humor besitzt derjenige, der auch über sich selbst schmunzeln kann. Und indem wir dies tun, erfüllt der Humor im Handumdrehen gleich zweierlei Funktionen: Er ist ein Stückchen Bewältigung des Erlebten, das in Wirklichkeit nicht immer zum Lachen ist. Er verweist aber auch auf einen Sinnzusammenhang, der größer ist als das Stückwerk unseres Lebens. Und weil der Humor auf seine Weise damit auch Hoffnung vermittelt, wird man ihn vielleicht auch zu den christlichen Tugenden zählen dürfen.

Der Gewitterorganist

Das, wovon hier zu berichten ist, hat sich in der kleinen Stadt L. zugetragen. Sie liegt hart an der Elbe, verkehrstechnisch ausgesprochen ungünstig und damals in unmittelbarer Grenznähe. Die Stadtkirche dieses Ortes verfügt über eine spätbarocke Orgel von beachtlicher Qualität. Sie war freilich zu diesem Zeitpunkt – es regierte die allgegenwärtige Mangelwirtschaft der DDR – noch nicht restauriert. Immerhin war sie aber spielbar, und die Kirchengemeinde bemühte sich in den Sommermonaten nach Kräften um gelegentliche Orgelkonzerte. Zu genau diesem Zweck war ich an jenem Tag angereist, rechtzeitig genug, um die Stücke noch einmal zu üben und für diese Orgel einzurichten. Mein Repertoire als Hobby-Organist war sicher sehr begrenzt, aber die Stücke waren doch so ausgesucht, dass sie auf das wertvolle historische Instrument abgestimmt waren.
Am Abend läuteten rechtzeitig die Glocken, um die Gemeinde einzuladen. Bewusst wurde diese Stunde auch nicht als Konzert, sondern als Geistliche Abendmusik betitelt. Lesung und Gebet gönnten dem Organisten nicht nur eine willkommene Verschnaufpause, sondern waren wesentlicher Bestandteil dieser Veranstaltung. Trotz aller Sorgfalt bei der eigenen Vorbereitung – das wussten wir auch von anderen Orten – hielten sich die Besucherzahlen in engen Grenzen. Wenn es schlecht lief, waren

es vielleicht ein Dutzend, wenn es gut lief, vielleicht drei Dutzend an Zuhörern. Immer aber waren es aufmerksame und dankbare Zuhörer, sowohl Gemeindeglieder als auch Touristen. Die Kollekte reichte wohl gerade so, um die Fahrtkosten zu decken und ein Mini-Honorar zu zahlen. Aber trotz des enormen Zeitaufwandes waren diese Abendmusiken für alle Beteiligten eine wertvolle Bereicherung des ansonsten eher tristen Alltags. Die Atmosphäre in der schon fast dunklen Kirche und die prachtvollen Stimmen dieser Orgel blieben – trotz oder gerade wegen der bescheidenen Umstände – lange im Gedächtnis haften.

Diesmal war aber etwas anders, was niemand beeinflussen konnte, nämlich das Wetter. Regnete es vor dem Konzert, musste man unweigerlich mit einer sinkenden Besucherzahl rechnen. In der Tat war es an diesem Tag regnerisch, und aus der Ferne war schon ein leises Gewittergrollen zu hören. Für den weiteren Verlauf war die Lage des Ortes entscheidend: Das Gewitter staute sich an der Elbe und kam vorerst nicht über den Fluss. Während des Konzertes verstärkten sich Regen und Donner, so dass doch alle froh waren, im Trockenen zu sitzen. Schließlich aber hatte das Gewitter die Grenze überschritten. Es krachte gewaltig über der Stadt, und der Blitz schlug irgendwo in das Stromnetz ein. Mitten im Stück – ich weiß nicht mehr, was für eines es war – fielen gleichzeitig das Licht und der Orgelmotor aus. Von den Noten im Spielschrank der Orgel sah ich nichts mehr, es war zappenduster. Und da ich nicht gut genug war, um auswendig spielen zu können, wäre ich ohnehin nach wenigen Takten verebbt. Die Orgel jaulte kurz auf, bevor der Blasebalg endgültig in sich zusammenfiel. Zu hören war dann für geraume Zeit nur noch das Gewitter. Die Hoffnung, dass der Stromausfall schnell behoben werden könnte, erwies sich als falsch.

Nun gab es aber in dieser Stadt einen treuen Kirchenältesten, nennen wir ihn Herrn Haselzweig, der auch in dieser aussichtslosen Lage sofort zu helfen wusste. Einige Kerzen wurden angezündet und irgendwie auf dem Spieltisch der Orgel befestigt. Das flackernde Licht reichte gerade so, um den Fortgang der Noten erraten zu können. Das hohe Alter der Orgel erwies sich nun als Vorteil: Trotz der Größe des Instruments waren noch die Balken erhalten, mit denen die Blasebälge früher von einem oder mehreren Kalkanten getreten wurden. Kurzerhand verschwand nun der hilfsbereite Kirchenälteste im Gehäuse der Orgel und trat mit Leibeskräften die Bälge. Das Konzert war gerettet und konnte nach kurzer Pause fortgeführt werden, wie es auf den Programmzetteln stand. Am Ende dieser Abendmusik waren Organist und Kalkant völlig durchgeschwitzt, der eine vor Aufregung und Konzentration, der andere vor Anstrengung bei diesem ungewohnten Ausdauersport. Nach dieser gemeinsamen

Erfahrung lag der Spitzname des Gewitter-Organisten nahe. Liebend gerne würde ich auch heute wieder eine Abendmusik in L. spielen, nach Möglichkeit ohne Blitz und Donner.

Kirche in Leuten

Der Kartoffelacker

Organisten sind ausgesprochene Mangelware.
Wenn dies auch nicht für die Großstadt zutrifft,
so ist es um so mehr auf den Dörfern der Mark
Brandenburg der Fall. Schon vor einigen Jahrzehnten mangelte es allenthalben an orgelkun-
digem Nachwuchs, und an diesem Zustand hat
sich bis heute wenig geändert. Die Gründe dafür sind vielfältig. Wer das Orgelspiel erlernen
will, braucht in der Regel eine gewisse Vorbil-
dung am Klavier. Vor allem aber wird ein Instrument zum Üben benötigt, an dem man sich
nach und nach in die Geheimnisse der Orgel
vertiefen kann. Überdies ist das Orgelspiel eine
einsame Kunst und schon deshalb nicht jeder-
manns Sache. Das Zusammenwirken mit anderen Instrumenten ist nur selten möglich, und
der Organist thront in der Regel weitab von der
Gemeinde auf seiner Empore.
Dieser offenkundige Mangel an Organisten bot
mir als Schüler manches Mal die Gelegenheit,
in den Gemeinden der näheren Umgebung
meiner Heimatstadt auszuhelfen.
In den verschiedenen Dorfkirchen konnte freilich vom Thronen auf der Orgelempore keine
Rede sein. Vielmehr ergaben sich unter den
sehr bescheidenen Verhältnissen manch wun-
derliche Situationen. In dem winzigen Dorf B.
zum Beispiel stand und steht eine Orgel mit
einem wunderbar geschnitzten und polier-
ten Gehäuse, höchst ungewöhnlich für eine

Dorfkirche. Damals hatte diese Orgel noch kein elektrisches Gebläse, so dass der Wind mit einem sogenannten Handschöpfer erzeugt werden musste. Der Heiligabendgottesdienst war allerdings wohl auch der einzige Termin im Jahr, an dem jemand an diesem Instrument saß. Die Stimmung der Pfeifenreihen war dementsprechend mau, und um die Sauberkeit des Spieltisches war es ähnlich bestellt. Erinnern kann ich mich aber vor allem daran, dass ich mir beim Pedalspielen heftig die Knie stieß, weil die Orgelbank zu hoch oder das Gehäuse zu niedrig war.

In anderen, nahe gelegenen Dörfern waren die Verhältnisse nicht viel besser. In U. hatte man zwar mit viel Aufwand und Engagement die Orgel zeitgemäß umbauen lassen, dabei aber ein Instrument des 19. Jahrhunderts (wohlgemerkt aus heutiger, denkmalpflegerisch geschulter Sicht) weitgehend zerstört. In K. wiederum versammelte sich, ebenfalls zu Heiligabend, eine erwartungsvolle Gemeinde. Sie saß auf den rechtwinklig gezimmerten Kirchenbänken, auf denen vermutlich noch nie jemand eingeschlafen war. Ein liebevoll geschmückter Weihnachtsbaum verschönerte die Kirche, in der man sich ansonsten schlagartig um mindestens zwei Jahrhunderte zurückversetzt fühlte. Auf den Organisten wartete auf der winzigen Empore eine ebenso winzige Orgel. Zeit zum vorherigen Ausprobieren des Instruments gab es nicht. Am Spieltisch fanden sich einzelne

Zettel mit Liednummern, die offenbar schon einige Jahrzehnte dort gelegen hatten. Um die weihnachtliche Stimmung zu perfektionieren, gab es nur Kerzen als Beleuchtung, auch an der Orgel. Das Risiko war daher bei jedem einzelnen Lied beträchtlich: Erstens musste man die Noten erkennen können, zweitens musste der Bälgetreter die Strophen richtig mitzählen und drittens durfte nach Möglichkeit keine Taste hängenbleiben. Wer solche Orgeln kennt, die nur selten bewegt werden, weiß allerdings, dass sich die verflixte Mechanik des öfteren selbstständig macht. Gegen die klammen Hände half im übrigen nur ein Paar abgeschnittene Fingerhandschuhe, wenn auch mit begrenztem Erfolg.

Ein anderer Einsatz im kirchenmusikalischen Dienst fand nun aber nicht zur Weihnachtszeit, sondern mitten im Sommer statt. So war es auch möglich, den Einsatzort von der Stadt aus mit dem Fahrrad zu erreichen. Die kürzeste Verbindung führte zum Teil durch einen typischen Kiefernwald mit typischen Wegen aus märkischem Sand. Bereits die Anfahrt war daher, jedenfalls nach meinem Empfinden, durchaus anstrengend. Es handelte sich um zwei Kirchen im Amtsbereich eines Pfarrers, der für seine treuen und sorgfältigen Dienste weithin bekannt und geschätzt war. In beiden Kirchen war nacheinander Gottesdienst angesetzt, zunächst in der Muttergemeinde am Wohnsitz des Pfarrers. Dort stand eine gut spielbare Orgel zur Verfügung, so dass alles ohne besondere Vorkommnisse verlief. In der Tochtergemeinde versammelte sich nur eine kleine Gemeinde in der Winterkirche, die mit einem Harmonium ausgestattet war. Das alles war mir hinreichend bekannt, nicht aber die Abkürzung zwischen beiden Orten, die ich mit dem Fahrrad nehmen sollte. Ich fuhr also rechtzeitig nach dem ersten Gottesdienst los, während Pfarrer W. mit dem Auto die offizielle Landstraße nahm. Nach einer falschen Abbiegung war mein Schicksal besiegelt: Der vermeintliche Radweg endete auf freiem Feld. Vor mir lag ein ausgedehnter Kartoffelacker, die Kirchturmspitze des nächsten Dorfes war nur aus der Ferne zu sehen. Die Zeit aber drängte, so dass mir nichts anderes übrig blieb, als das Fahrrad quer über den sorgfältig gehäufelten Kartoffelacker zu schieben. Ich weiß nicht, ob schon vor mir jemand auf diese grandiose Idee gekommen ist. Jedenfalls kam ich wesentlich zu spät und einigermaßen entkräftet zum nächsten Gottesdienst. Viel ausrichten konnte ich dann am Harmonium nicht mehr, aber wenigstens der gute Wille war erkennbar.

Weisen Amt Bad Wilsnack

andy besamn

All' Wetter is Herrgottswetter!

Gelegentlich kann man in dreißig Sekunden mehr Theologie begreifen als in dreißig Stunden angestrengten Studiums. Das sind freilich Glücksmomente, die niemanden von ernsthaften Studien abhalten sollen. Wie es zu dieser Begegnung kam, ist schnell erzählt: Als Schüler hatte ich des öfteren Gelegenheit, bei Beerdigungen als Organist einzuspringen. In musikalischer Hinsicht war dies eine eher undankbare Aufgabe, weil die Anzahl der Choräle, die noch einigermaßen bekannt war und gewünscht wurde, sich in sehr engen Grenzen hielt. Außerdem waren die Instrumente, die für die Begleitung zur Verfügung standen, nicht eben interessant, besonders dann nicht, wenn es sich um ein Harmonium handelte. In dem zu berichtenden Fall handelte es sich um eine Beerdigung im Dorf Ue..., das über eine sehr stattliche Kirche verfügt. Die dortige Orgel des 19. Jahrhunderts – zweimanualig wie in nur wenigen Dorfkirchen anzutreffen – war durch einen eingreifenden Umbau ziemlich verdorben worden. Immerhin war das Instrument gut spielbar, aber in diesem Fall soll es nicht um die Orgel als solche gehen. Die Beerdigung stand noch bevor, so dass sich die Mitwirkenden vor der Kirche versammelten. Charakteristisch für das genannte Dorf war es, dass der Friedhof ungewöhnlich weit von der Kirche entfernt lag und liegt. Es gab also zwangsläufig so etwas wie eine Leichenprozession, die sich über die ganze Dorfstraße hinzog und erhebliche Zeit in Anspruch nahm. Vor dem Portal der Kirche wartete also auch ich auf meinen Einsatz. Außerdem warteten etliche Sargträger, die ich nicht kannte. Um denn in dieser Situation irgendetwas zu sagen, machte ich eine Bemerkung über das schlechte Wetter. Es nieselte tatsächlich ziemlich unangenehm, so dass der Weg zum Friedhof nichts Gutes verhieß. Aber anstatt mit meiner Bemerkung in ein Gespräch zu kommen, brummte mein Gegenüber ziemlich unwirsch und mehr oder weniger plattdeutsch: All Wedder is Herrgottswedder! Mir blieb nichts anderes übrig, als mit einem kurzen Ja, ja! zu antworten. Wer hätte da auch angesichts der trutzigen Mauern des Kirchturms widersprechen wollen? Die Landbevölkerung war gewiss weniger empfindlich als ich, was die verschiedenen Wetterlagen anbelangte. Und mein unbekanntes Gegenüber erwartete sicherlich auch keine weitere hochtrabende Unterhaltung. Das Recht war zweifellos auf seiner Seite: Wer denn von Gott als dem Weltenlenker reden will, der muss es auch hinnehmen, wenn sich die Natur auf diese oder jene Weise zeigt. Die Antwort eines frommen Menschen kann in der Tat keine Klage über die Unbilden des Wetters sein, sondern nur ein dankbares Hinnehmen. Der rational denkende Mensch könnte nun noch dieses und jenes einwenden. Es mag ja nun Ansichtssache sein, ob man den Schöpfer bei jeder Wetterlage im persönlichen Einsatz sieht, oder ob man sich ihn lieber als Urgrund aller Wetterzufälle vorstellen will. Aber solche Spitzfindigkeiten hatten hier offensichtlich keinen Platz. Das Wort war mir wohl zu Recht abgeschnitten worden, und so ist mir diese kurze Begegnung noch lange nachgegangen.

Kirche und Pfarrhaus in Ue. sind für mich noch aus anderen Gründen in Erinnerung geblieben. Eine kleine Zeit lang habe ich versucht, einer dortigen Schülerin Orgelunterricht zu geben. Es waren freilich die allerersten Anfangsgründe, die sich auf das Notenlesen und einfache Melodien bezogen. Meine pädagogischen Fähigkeiten werden sich dabei in engen Grenzen gehalten haben. Und leider weiß ich nicht, ob diese Schülerin bei der Sache geblieben ist und Gefallen an diesem besonderen Instrument gefunden hat. Aber noch eine andere Sache in der erwähnten Kirche zog meine Aufmerksamkeit auf sich: Es waren zwei Fragmente eines Grabsteins, die eine wenig pietätvolle Verwendung als Fußbodenbelag neben dem Kanzelaltar gefunden hatten. Die darauf befindliche Ritzzeichnung deutete an, dass es sich um ein außerordentlich altes Stück handeln musste. Die Reste der Inschrift ließen erkennen, dass es sich bei dem Dargestellten um einen Ritter von W. handelte, dessen Familie über viele Jahrhunderte hinweg im Ort ansässig gewesen war. Mit den Knien auf dem Fußboden herumrutschend habe ich versucht, die erkennbaren

Reste abzuzeichnen. Erst viele Jahre später hat ein Fachmann diese Grabplatte zeitlich und stilistisch richtig einordnen können. Sie stammt aus dem Jahr 1312 und gehört damit zu den frühesten Beispielen in weitem Umkreis. Heute steht dieses kostbare Kunstwerk aus Sandstein in restaurierter Gestalt in der Turmvorhalle der Kirche. Es war mir ein Lehrstück dafür, was für so viele Kirchen in der Mark gilt: Nur wer genau hinsieht, vermag die Überreste der Geschichte zum Sprechen zu bringen.

Neue Gemeinde Plattenburg Prignitz

Quem pastores laudavere

Es ist ein merkwürdiges Bild, wenn am ersten Weihnachtsfeiertag morgens um 6 Uhr die Glocken läuten und sich zahlreiche Menschen in Richtung Kirchplatz bewegen. Ausgerechnet in der Kleinstadt P., in der sich das kirchliche Leben ansonsten in eher ruhigen Bahnen bewegt, hat sich dieser jahrhundertealte Brauch der Christmette erhalten. Zu diesem Anlass ist die Stadtkirche weitgehend gefüllt, obwohl die Heiligabend-Gottesdienste erst wenige Stunden zurückliegen. Noch merkwürdiger ist es, dass der Quempas nach wie vor als lateinisch-deutscher Wechselgesang ausgeführt wird, obwohl heute vermutlich nur noch sehr wenige Teilnehmer den lateinischen Text wirklich verstehen. Die außerordentliche Hartnäckigkeit dieser Tradition hat sich schon mehrfach erwiesen. Die Anweisung des Soldatenkönigs, diesen Brauch abzuschaffen, wurde im 18. Jahrhundert erfolgreich ignoriert. Die zum Teil noch heute benutzten Liedblätter hat man anno 1935 nachdrucken lassen, zum Glück unberührt von den damaligen politischen Umständen. Und die Idee eines Stadtpfarrers aus jüngerer Zeit, diesen lästigen Termin doch ausfallen zu lassen, fand natürlich auch kein Gehör. So bleibt es also dabei, dass das Ereignis jedes Jahr von neuem sorgfältig vorbereitet wird. Der Organist muss sich auf die nicht einfache Aufgabe der Begleitung einstellen, und der Posaunenchor muss ebenfalls seinen Part einüben. Während des Wechselgesangs wird überdies ein Krippenspiel ohne Worte aufgeführt, das ebenso wie die aufwändigen Kostüme präpariert sein will.

Die ungewöhnliche Uhrzeit bringt natürlich einige Unannehmlichkeiten mit sich. Vielen Gesichtern ist doch anzusehen, dass sie nicht genügend Schlaf bekommen haben. Auch die Stimme des Predigers ist zu so früher Stunde gelegentlich etwas heiser. Vor allem aber wollen die Stimmbänder noch nicht solche Höhen erklimmen, wie sie der Quempas und die sonstigen Lieder erfordern. Jedenfalls finden sich auch ohne eine genaue Verabredung vier Chöre zusammen (zwei Männerchöre, zwei Frauenchöre), die auf den Seitenemporen stehen und sich die Verse wechselseitig zusingen. Wenn der eigentliche Quempas beginnt, wird das elektrische Licht reduziert und statt dessen Kerzen entzündet, die die Sänger in der Hand halten. Aus alter Gewohnheit habe ich mich immer unter den ersten Männerchor gemischt, rechts neben der Orgel stehend. Hier erscheinen nun einmal im Jahr plötzlich Gesichter von Geschäftsleuten und Handwerksmeistern, die ansonsten eher nicht zum Klientel eines Kirchenchores gehören. Die Aufgabe dieses ersten Männerchores ist jedoch besonders heikel, eben weil er als erster einsetzt und mit Hilfe der Orgel Tempo und Tonhöhe vorgeben muss. Aber aller Anfang ist bekanntlich schwer, und so brummt die Männerriege mehr oder weniger gekonnt vor sich hin. Gescheitert ist der Quempas daran noch nie, so dass es sich alle Teilnehmer zur Ehre anrechnen, auch in diesem Jahr wieder dabei gewesen zu sein.

Aus dem Mittelalter hinübergerettet hat den Quempas im übrigen der Havelberger Domherr Matthäus Ludecus, der mit einer Frau aus P. verheiratet war und ein stattliches Haus am besagten Kirchplatz besaß. Insofern ist es vielleicht kein Zufall, dass sich ausgerechnet hier dieser weihnachtliche Brauch erhalten hat. Was auch immer man vom frühen Aufstehen am ersten Feiertag hält, so lässt sich doch eines am Quempas deutlich ablesen, nämlich das Wesen einer echten und volkstümlichen Tradition: Die Teilnehmer kommen nicht deshalb, weil sie zuvor von der Wichtigkeit des Inhalts überzeugt worden wären. Sie kommen auch nicht wegen der Predigt, die in dieser frühen Morgenstunde die nicht einfache Aufgabe hat, die Weihnachtsbotschaft noch einmal ganz anders aufzugreifen. Sie kommen in Scharen, weil mit immer demselben Ritual eine anheimelnde Atmosphäre erzeugt wird, die die Menschen anzieht. Aus dem Munde eines evangelischen Theologen mag es etwas ketzerisch klingen – aber an genau diesen Elementen mangelt es offenbar unseren „normalen" Gottesdiensten in erheblichem Maße. Und weil es in unserer Gegenwart nur noch sehr wenige von solchen echten Traditionen gibt, sollte ihre bestmögli-

che Pflege für alle Beteiligten eigentlich selbstverständlich sein.

6 April 2002
Perleberg

Schimmel im Archiv

Wenn von Archiven die Rede ist, herrscht in der breiten Öffentlichkeit immer noch das Bild von einer staubigen Kammer vor, in der mehr oder weniger unwichtige Dinge lagern. Von der Sache völlig unbeleckte Lokaljournalisten erfinden auch besonders gerne solche Schlagzeilen wie: „Im Stadtarchiv gestöbert". Dem Archivar von Profession stehen bei dem Begriff „stöbern" jedenfalls die Haare zu Berge. Denn mit der Wirklichkeit hat dieses Bild längst nichts mehr zu tun, zumindest dann nicht, wenn man an größere und hauptamtlich verwaltete Archive denkt. Seit geraumer Zeit sind dies modern ausgestattete Einrichtungen mit kompetentem Personal, die Material für die Forschung bereitstellen. Aber das böse Bild von der staubigen Kammer kommt nicht von ungefähr: Bei vielen kleineren Behörden und selbst in kleinen Stadtverwaltungen war (ist?) das Archiv tatsächlich nicht viel mehr als eine Rumpelkammer, wo man diejenigen Sachen abstellte, die unnütz oder zumindest veraltet sind. Ähnliches galt oder gilt auch für manche Kirchengemeinde und manchen Kirchenkreis, die verständlicherweise keinen ausgebildeten Historiker oder Archivar anstellen können. So nimmt es nicht Wunder, wenn für das Archiv nicht etwa ein eigens hergerichteter Raum, sondern allenfalls der Dachboden oder der Keller benutzt wurde.

Nicht anders war es auch in der Kleinstadt P. Das Archiv der Kirchengemeinde (jedenfalls der größte Teil davon) und das Archiv des Kirchenkreises befanden sich im Keller des Oberpfarrhauses. Die Archivalien lagerten in Holzschränken, die mit stelzenartigen, sehr hohen Füßen versehen waren. Diese Vorsichtsmaßnahme war, wie sich noch zeigen sollte, nicht schlecht. Die Schränke waren freilich nicht nur von Akten bevölkert, sondern auch von Holzwürmern, die sich darin offensichtlich wohl fühlten und das Holzmehl fleißig auf die Aktendeckel rieseln ließen. Von Arbeitsbedingungen konnte in diesem Keller, in dem man kaum aufrecht stehen konnte, eigentlich keine Rede sein. Im Nachbarraum befand sich die Gasheizung für das geräumige Haus, die trotz aller Schornsteine ihren Mief verbreitete. Obwohl man es also nicht lange aushielt, in diesem Raum zu arbeiten, zog mich das Material magisch an. Immerhin existierte ein maschinenschriftliches Verzeichnis, mit dessen Hilfe man sich einigermaßen in den Schränken orientieren konnte. Die Akten reichten, von kundiger Hand im 19. Jahrhundert mit blauen Aktendeckeln versehen, zumindest bis in das 17. Jahrhundert zurück. Es war also genügend Stoff vorhanden, um sich mit der örtlichen Kirchengeschichte zu beschäftigen, so gut es unter diesen Bedingungen möglich war.

Eines Tages kam es, wie es kommen musste: Ein starker Regenguss führte dazu, dass das

Wasser durch die Kellerfenster hindurchlief und sich auf dem Fußboden des Archivraums sammelte. Dort stapelten sich inzwischen viele Bände von Amtsblättern, die ausgesondert und vernichtet werden sollten. Der entstandene Schaden wurde relativ schnell entdeckt. Als ich hinzugerufen wurde, waren aber die Amtsblätter bereits so stark verschimmelt, dass sie sowieso nicht mehr zu retten gewesen wären. Jedenfalls hatte ich noch nie zuvor einen solchen grünen Rasen von Schimmel gesehen, der sich in Windeseile auf dem verstaubten Papier ausgebreitet hatte. Zum Glück waren die alten Aktenbestände nicht unmittelbar vom Wasser getroffen worden. Dennoch war die Gefahr sicherlich groß, dass sich der Schimmelbefall weiter ausgebreitet hätte.

Einige Jahre später hat sich die Kirchengemeinde entschlossen, ihre Urkunden und Akten in einem hauptamtlich verwalteten Archiv zu deponieren. Auf diese Weise konnte der besonders wertvolle Bestand – übrigens mit fremden Geldern – hervorragend erschlossen werden. Die Gemeinde hat es also hoffentlich nicht bereut, ihren Keller für andere Zwecke zu nutzen. Eine Rumpelkammer soll es trotzdem wieder geben, aber dies wollen wir mit Stillschweigen übergehen.

Die Standpauke

Nein, diese Standpauke galt nicht mir, sondern einem sturzbetrunkenen Unfallopfer. Aber davon später mehr. Ort der Begegnung, von der ich hier berichten will, war die kleine St. Briccius-Kirche in Belzig (heute Bad Belzig). Als Vikar hatte ich dort unter anderem die Aufgabe zugeteilt bekommen, den Frühgottesdienst in der erwähnten Kirche zu übernehmen. Er sollte jedenfalls trotz zweifelhafter Erfolgsaussichten angeboten werden, um diese Kirche auch weiterhin als Kirche zu nutzen. Außerdem war der räumliche Abstand zur Stadtkirche nicht unerheblich, so dass man hätte annehmen können, dass dieses Angebot dankbar angenommen wird. Die Lage dieser Kirche mit ihrem in Brandenburg wohl ziemlich einmaligen Heiligennamen war durchaus malerisch. Sie liegt vor der imposanten Burganlage von Belzig, umgeben von einem kleinen Friedhof mitten im Grünen. Mit Sicherheit hat sie einst als Burgkapelle gedient, die für die Besatzung der Burg und die dazugehörige Siedlung Sandberg zuständig war. Von einem künstlerisch begabten Belziger Pfarrer des 19. Jahrhunderts gibt es eine schöne und einprägsame Bleistiftzeichnung, auf der diese Bricciuskirche auf ihrer Anhöhe abgebildet ist. Ich erlebte sie nun wenige Monate vor dem Ende der DDR, worauf freilich in der Kleinstadt nichts hinzudeuten schien. An und in der Kirche gab es, wie an unendlich zahlreichen anderen Kirchengebäuden auch, erheblichen Sanierungsbedarf. Gegen den unermüdlich tätigen Holzwurm hatte man sich auch dort mit dem handelsüblichen Schädlingsbekämpfungsmittel Hylotox zu helfen gesucht. Dass vor allem kirchliche Mitarbeiter, Pfarrer wie Organisten, diesen giftigen Ausdünstungen in besonderem Maße ausgesetzt waren, hat damals offenbar niemanden beunruhigt.

An diesem Sonntagmorgen kam ich jedenfalls gar nicht erst in die Kirche hinein. Natürlich war ich auf den Gottesdienst vorbereitet und entsprechend eingekleidet. Da ich zeitig an Ort und Stelle war, wartete ich aber zunächst vor der Kirche, welche Besucherschar sich denn einfinden würde. Aber alles Warten half nichts, denn auch pünktlich um 9 Uhr war außer mir nur eine einzige Person gekommen. So beschlossen wir dann wohl oder übel, diesen Gottesdienst ausfallen zu lassen. Wir nutzten aber die schöne Umgebung zu einem kleinen Spaziergang und zu einer netten Unterhaltung. Die einzige Besucherin, die erschienen war, so erfuhr ich im Laufe des Gesprächs, war allerdings eine markante Persönlichkeit. Frau Dr. K., alleinstehend und bereits im Ruhestand, war die langjährige Direktorin des Belziger Klinikums, die sich eines hohen Ansehens in der Stadt erfreute. Ihre außergewöhnliche Position hatte sie sich zweifellos nur durch hervorragendes fachliches Können, pausenlosen Einsatz für ihren Beruf und ein hinreichendes Maß an Durchsetzungsvermögen erarbeitet.

Was mir aus ihren Erzählungen in Erinnerung geblieben ist, war ihre sehr spezielle Methode zur Behandlung von Alkoholikern. Sie erwähnte einen Fall, bei dem ein stadtbekannter Trinker buchstäblich unter die Räder kam und bei diesem Unfall schwer verletzt wurde. Frau Dr. K. wurde nachts herausgeklingelt und musste sich mit einer langwierigen Operation des Unfallopfers annehmen. Die Sache erboste sie nun heftig, weil der lebensgefährliche Unfall ohne die Trunksucht des erwähnten Mannes nicht stattgefunden hätte. Kaum dass er aus der Narkose erwacht war, machte die Chefärztin eine Visite der besonderen Art. Sie muss dem frisch Operierten wohl in drastischen Worten vor Augen geführt haben, dass er selbst und niemand anders an seinem Zustand schuld war. Jedenfalls fiel die Standpauke wohl so gründlich aus, dass der Heruntergeputzte künftig die Finger vom Alkohol ließ. Wenn es sich denn so zugetragen hat, ist es ein sicherlich seltener Fall gewesen, die so verbreitete Sucht erfolgreich einzudämmen. Ich hatte jedenfalls keine vergleichbare Gelegenheit zu einem derart intensiven seelsorgerlichen Gespräch. Hut ab also vor dieser Frau, die mit solcher Hingabe in ihrem Beruf tätig gewesen ist!

Bad Belzig - Stadtkirche St. Marien   Andrej Krause 2016

Doktor Martinus auf der Kanzel

Während meiner Studienzeit in Berlin bin ich unzählige Male in der Staatsbibliothek gewesen, um dort meinen Interessen nachzugehen. Die Rede ist von dem alten Gebäude der Staatsbibliothek, das 1913 – gerade noch rechtzeitig vor Krieg und Revolution – als Königliche Bibliothek eröffnet worden war. Es ist ein monumentaler Bau, ganz nach dem Geschmack des wilhelminischen Zeitalters, streng und einschüchternd auf jeden Besucher wirkend. Der völlig anders gestaltete Neubau im Westen Berlins wurde uns erst nach dem Fall der Mauer zugänglich. Mit seinem gänzlich entgegengesetzten Konzept frei zugänglicher Handbibliotheken war er ein architektonisches Erlebnis, wie ich es nur in sehr wenigen Fällen erfahren habe. In dem älteren Bau, später als Haus 1 der wiedervereinigten Staatsbibliothek betitelt, waren die Kataloge ein Phänomen für sich: Für die ältere Literatur mussten die zu guten Teilen noch handgeschriebenen Bandkataloge gewälzt werden. Jede Bestellung war ein Abenteuer für sich, weil die unermesslichen Schätze der Bibliothek durch die Kriegsverluste und Verlagerungen wie ein Schweizer Käse von Lücken und Löchern durchzogen war. Mindestens ebenso umständlich war es, die für die eigene Arbeit notwendigen Kopien zu bestellen. Der Arbeitsaufwand war daher, gemessen an den Vorteilen des heutigen digitalen Zeitalters, enorm hoch.

Trotz dieser wenig förderlichen Umstände hat diese Bibliothek immer eine besondere Faszination auf mich ausgeübt: Sie war der einzige Raum, wo die auseinanderstrebenden Wissenschaften noch physisch an einem Ort vereinigt waren. Hier standen Philosophie und Technik, Theologie und Medizin, Geschichte und Kunst friedlich beieinander, gesammelt über einen Zeitraum von mehreren Jahrhunderten.

Für die Zwecke unseres Theologiestudiums hätten wir die ehrwürdige Staatsbibliothek so gut wie nie in Anspruch nehmen müssen, weil unsere kircheneigene Ausbildungsstätte über eine ausgesprochen gute Fachbibliothek verfügte. Was mich in den ersten Jahren aber besonders interessierte, war die Literatur zur Geschichte der Orgeln in Berlin und Brandenburg. Zumeist handelte es sich dabei um seltene und entlegene Titel, deren Ermittlung erhebliche Zeit in Anspruch nahm. In vielen Fällen musste dazu die Musikabteilung der Staatsbibliothek aufgesucht werden, deren gesonderte Kataloge freilich auch nicht leichter zu benutzen waren als die übrigen. In den späteren Jahren verlagerte sich mein Interesse hin zur Geschichte der kirchlichen Bibliotheken. Da das Thema nicht weniger speziell war als die Geschichte der Orgeln, wurde die Sucharbeit dadurch nicht geringer. Vermutlich hätte mir ein erfolgsorientierter Professor von diesen Themen grundsätzlich abraten müssen, weil Aufwand und Nutzen in einem zweifelhaften Verhältnis standen. Beide Themen haben mich aber lange beschäftigt, weil sie als Felder der Forschung aktuell und neu waren und ich keine Lust verspürte, auf ausgetretenen Pfaden zu wandeln.

Gelegentlich führten mich meine Forschungen auch in die Handschriftenabteilung der Staatsbibliothek. Als Student hatte ich den Versuch gewagt, mich dort in eine mittelalterliche Handschrift zu vertiefen. Der Erfolg hielt sich jedoch in engen Grenzen, weil ich das Meiste schlichtweg nicht lesen konnte. Meine an das Personal gerichtete Bitte um Hilfe wurde mit dem barschen Hinweis abgewiesen, dass ich diese Kenntnisse gefälligst selbst mitbringen müsse. Diese Lektion hat mich aber nicht davon abgehalten, hin und wieder einen erneuten Versuch zu starten, für mich interessante Dinge in den (neuzeitlichen) Handschriften zu suchen. Dabei stieß ich eines Tages auf einen Hinweis, wonach sich in einer ansonsten juristischen Handschrift eine noch unveröffentlichte Predigt Martin Luthers befinden sollte. Eine genauere Nachprüfung ergab, dass dieser Text tatsächlich noch nie gedruckt worden war, obwohl die Lutherforschung seit mindestens einem Jahrhundert mit äußerster Genauigkeit alles bearbeitet hatte, was irgendwie mit Luther in Verbindung stand. Bekannt waren von der erwähnten Predigt nur zwei wesentlich kürzere Nachschriften damaliger Zuhörer. Mein Fund war also ein außerordentlicher Glücksfall (den freilich nur wenige Personen zur Kenntnis genommen haben). Er war es jedenfalls wert, in wortgetreuer Abschrift veröffentlicht zu werden. Der Inhalt der Predigt war aber bei nüchterner Betrachtung wenig anziehend: Der alte Luther hatte auf seiner Kanzel in Wittenberg heftig und mit diversen Kraftausdrücken gegen diejenigen jungen Leute gewettert, die sich ohne Einwilligung ihrer Eltern verlobten. Wieviel Erfolg er damit hatte, lässt sich natürlich nicht mehr feststellen. In heutiger Zeit wäre Luther mit dieser Predigt wahrscheinlich aber auch durch jede praktische Prüfung gefallen – Bibeltext nicht ausgelegt, Thema verfehlt, unangemessene Wortwahl und viele Wiederholungen. Auch die Heroen der Geschichte, soviel kann man aus diesem Fund wohl lernen, waren nicht immer zu Meisterleistungen aufgelegt.

Die Pilzpfanne

Zu den Eigentümlichkeiten meines ersten Dienstsitzes gehörte es, dass es in der Kleinstadt W. zwar zwei Pfarrstellen, aber nur ein Pfarrhaus gab. Als ich meinen Dienst antrat, war die erste Pfarrstelle noch mit der Superintendentur verbunden. Die zweite Pfarrstelle, die mir als Anfänger zukam, war in den Jahren davor aus Geld- und Personalmangel nur noch sporadisch besetzt worden. Nun aber konnte man eine Art Kaplan ganz gut gebrauchen, um den Superintendenten etwas zu entlasten.

Die Wohnung, die ich beziehen konnte, befand sich in dem sehr großen Gemeindehaus auf der Westseite der enorm großen Kirche. Nachdem das Fachwerkgebäude zu DDR-Zeiten immer weiter verfallen war, konnte es nach der Wende – natürlich mit Geldern aus dem Westen – vollständig rekonstruiert werden. Allerdings gab es einige konstruktive Merkwürdigkeiten: Da offenkundig eine Isolierschicht zwischen innerer und äußerer Schale des Hauses vergessen worden war, zog es an denjenigen Stellen in der Wand, aus denen eigentlich die Wärme austreten sollte. Jedenfalls beherbergte das Haus neben einigen Wohnungen auch den Eine-Welt-Laden, die Diakoniestation und mehrere Gemeinderäume. Gleich nebenan befand sich der evangelische Kindergarten, der über alle Zeiten hinweg gerettet werden konnte und zweifellos einen Kernbestandteil der Gemeinde bildete.

Die ungleiche Verteilung der Pfarrwohnungen hatte historische Gründe, die etwa 250 Jahre zurücklagen: Schon damals war das Geld außerordentlich knapp, weil alles Vermögen durch den Unterhalt der riesenhaften Kirche verschlungen wurde. Die Errichtung eines brauchbaren Schul- und Gemeindehauses gelang damals nur deshalb, weil Friedrich der Große einen namhaften Zuschuss bewilligte. Für ein separates zweites Pfarrhaus war auch in der Folgezeit weder der Platz noch die notwendigen Mittel vorhanden. Wenn man sich diese Entstehungsgeschichte vor Augen führt, wird einem schlagartig bewusst, in welchem Maße auch die Gegenwart von den Gegebenheiten der Vergangenheit abhängig ist. Die erwähnte, gerade fertiggestellte Wohnung war für mich im Grunde genommen ein großer Glücksfall und kein Grund zum Klagen. Für eine Familie mit Kindern war sie aber schließlich zu klein. Inzwischen sind alle diese Dinge hinfällig geworden, weil die örtliche Superintendentur längst den allgegenwärtigen Sparzwängen zum Opfer gefallen ist. Es ist also nur eine Pfarrstelle übrig geblieben, so dass die Besetzung der zweiten Pfarrstelle im Rückblick nur ein Intermezzo gewesen ist.

Jedenfalls fiel mir (genauer gesagt: dem ganzen Gemeindekirchenrat) die Pflicht zu, nach dem Abschied des letzten Superintendenten das Pfarrgrundstück einigermaßen ordentlich zu verwalten, bis über die Neubesetzung der Stelle entschieden war. So ergab sich auch einige wenige Male die Gelegenheit, den Pfarrgarten zu nutzen, über den die zweite Pfarrstelle nicht verfügte. Meine Frau hatte an jenem Tag in der Umgebung eine stattliche Portion Pilze gesammelt, die sie mir zum Zubereiten überließ. Ich erinnerte mich, auch einige Pilze im Pfarrgarten gesehen zu haben und holte sie mir dazu. Denn ein Mischgericht aus vielen verschiedenen Sorten ist geschmacklich in aller Regel die erste Wahl. Während die Pilze bereits kochten, studierte ich vorsichtshalber verschiedene Pilzbücher. Da sich nun der Inhalt der Pfanne zunehmend schwarz verfärbte, wurde ich doch argwöhnisch und schaute mir die Pilze aus dem Pfarrgarten doppelt genau an. Das Ende vom Lied ist schnell berichtet: Mit Hilfe der Pilzbücher kam ich zu dem Schluss, dass es leider nicht der essbare graublättrige Schwefelkopf gewesen war, sondern der weitaus häufigere und giftige grünblättrige Schwefelkopf. Die Pfanne hätte mich zwar nicht ins Jenseits befördert, aber doch womöglich einige Tage aus dem Verkehr gezogen. So war es nun auch um die guten Pilze geschehen, weil das ganze Gericht entsorgt werden musste. Ein Nachtrag mag zu dieser Geschichte angebracht sein: Auch auf unserem späteren Pfarrgrundstück zeigten sich unter einem großen Ahornbaum zahlreiche Pilze. Es waren appetitlich anzusehende Champignons. Erst bei einem genaueren Studium stellte sich heraus, dass es sogenannte

Karbolchampignons waren, ebenfalls giftig und für die Pfanne durchaus nicht geeignet. Die rätselhafte Welt der Pilze hat mich aber trotzdem von Kindesbeinen an fasziniert.

Die Konventsrüste

Gut gemeint ist bekanntlich nicht immer gut gemacht. Dies gilt gelegentlich auch von solchen Veranstaltungen, bei denen sich die Pastoren eines Kirchenkreises zum gemeinsamen Austausch zusammenfinden. Nach guter alter Manier werden solche Zusammenkünfte mit dem lateinischen Wort „Konvent" bezeichnet. Er fand (und findet) in der Regel einmal im Monat statt und wird zu den besonders wichtigen Dienstpflichten gezählt. Nun haben es freilich die Superintendenten (ich schließe die weibliche Form selbstverständlich mit ein) mit diesen Terminen nicht einfach. Theologen sind ein Völkchen für sich und schon ihrer Herkunft und Ausbildung nach oftmals Individualisten. Insbesondere die Arbeit auf dem Lande wird diesen Charakterzug in der Regel noch verstärken, weil zwangsläufig jeder für sich zu arbeiten hat und der Austausch mit Gleichgesinnten denkbar selten ist. Insofern ist es grundsätzlich nicht einfach, eine Versammlung von Theologen auf einen Nenner zu bringen. Die alte lateinische Weisheit „wieviel Menschen, soviel Meinungen" (quot homines, tot sententiae) dürfte nirgendwo mehr gültig sein als bei dieser Berufsgruppe. Unter diesen Voraussetzungen ist es verständlich, dass die Zusammenkünfte wohl überlegt und gut strukturiert sein sollten. Hinzu kommt das nicht zu vernachlässigende Problem, dass die Mitteilungen der vorgesetzten Behörden nicht immer dazu geeignet sind, eine besondere Spannung und Aufmerksamkeit zu erzeugen. Darüber hinaus bleibt es in dauerhafter Erinnerung, wieviele Programme, Prospekte, Einladungen und Rundschreiben über die Postfächer verteilt wurden, zu großen Teilen aber anschließend in den Papierkorb gewandert sind. Jeder hatte aber seine Pflicht getan – die einen mit dem Verfassen der Rundschreiben, die anderen mit der flüchtigen Kenntnisnahme derselben. Die Frage nach der Effektivität solchen Tuns stellt sich in einem behördlichen Organismus selten oder nie. Auch für Dienstberatungen in kleiner Runde gelten leider oftmals dieselben Gesetze.

Neben diesen monatlichen Zusammenkünften gibt es die glorreiche Erfindung einer Konventsrüste (man beachte das kunstvolle Kirchendeutsch, das von Außenstehenden wohl kaum verstanden werden kann). Eine solche Rüste findet normalerweise einmal im Jahr statt, wofür am besten ein Ort außerhalb des eigenen Wirkungsbereiches auserkoren wird. So geschah es auch eines Tages in demjenigen Kirchenkreis, zu dem ich gehörte. Die Reise führte in den Harz, so dass unstreitig für eine schöne Umgebung gesorgt war. In erster Linie sollte aber kein Ausflug stattfinden, sondern ernsthafte Arbeit geleistet werden. Bearbeitet werden sollte diesmal ein Problem, das viele Mitbrüder und Mitschwestern betraf: Die Tätigkeit in der Gemeinde bringt es mit sich, dass die Arbeitszeiten nur selten regelmäßig zu nennen sind. Das fängt im Tagesablauf an und endet mit unabweisbaren Verpflichtungen an den Wochenenden. Diese Unregelmäßigkeit bringt zwar auch Vorteile mit sich, birgt aber die Gefahr in sich, keine Zeit mehr zur Entspannung zu finden. Das geschilderte Problem sollte nun, was ja durchaus sinnvoll ist, von einer fremden Person mit dem ganzen Konvent bearbeitet werden. Leider ist mir entfallen, wie sich dieser fachlich sicher versierte Berater nannte – vielleicht nannte er sich schon damals Supervisor. Als Ziel dieser gemeinsamen Bemühungen wurde nach einer Lösung gesucht, wie sich die Beteiligten einen freien Tag in der Woche verschaffen können. Nach langwierigen, methodisch durchdachten Sitzungen lautete der Weisheit letzter Schluss, dass man sich doch den Montag freihalten solle.

Beratern dieser Art bin ich immer mit einer erheblichen Skepsis begegnet, ohne ihren Berufsstand als solchen abwerten zu wollen. Wenn man es genau betrachtet, war das Ergebnis der Konventsrüste lächerlich, auch wenn das Anliegen durchaus ehrbar genannt werden muss. Lächerlich war es deshalb, weil die eingehenden Beratungen natürlich nicht das Geringste an den Arbeitsabläufen änderte, die zu Hause auf alle Beteiligten wieder warteten. Am Montag konnte das zum Beispiel heißen, in Ermangelung einer Sekretärin die Kollekten und sonstige Einnahmen und Ausgaben abzurechnen,

Briefe zu verfassen oder einen Geburtstagsbesuch zu machen. Vielleicht gab es Kollegen, die ihre Zeit geschickter einteilen konnten als ich, es sei ihnen von Herzen gegönnt. Spätestens seit dieser Rüste bin ich aber allergisch gegen derartige Beratungsversuche, und solche Modewörter wie „Teamarbeit" können mich noch heute auf die Palme bringen. Das einzige greifbare Ergebnis, was ich von dieser Harzreise mitgebracht habe, war die Besprechung eines biografischen Lexikons. Es versteht sich von selbst, dass ich mich damit nur in den Pausen und in den Abendstunden beschäftigt habe.

Gottesdienst mit Krankenwagen

Es war ein grandioser Anblick, wenn man bei Sonnenschein morgens die Kirche von W. betrat: Der enorm große Raum wurde durch die Chorfenster beleuchtet, die in ihrer ganzen Höhe mit mittelalterlichen Glasmalereien ausgefüllt sind. Genau genommen sind es zwar nur noch Restbestände dessen, was einst von Königen, Fürsten und Pilgern gestiftet wurde. Aber diese Reste mit ihren leuchtenden Farben genügen, um einen Eindruck von der ehemaligen Pracht zu vermitteln. Die heutige Nutzung der Kirche steht wie an so vielen Orten mit hoch aufstrebenden gotischen Hallenkirchen in einem merkwürdigen Widerspruch zu ihrer tatsächlichen Größe. Das eigentliche Kirchenschiff konnte nur zu wenigen Anlässen, so etwa zu den Konfirmationsgottesdiensten oder zu Heiligabend genutzt werden. Ansonsten kommen höchstens größere Konzerte in Frage, um die weitläufigen, leicht wurmstichigen Kirchenbänke halbwegs zu füllen. Auch dies ist in evangelischen Kirchen inzwischen ein geläufiges Bild. Allerdings wird die Frage erlaubt sein, ob es sich bei solchen Konzerten um so etwas wie einen Gottesdienstersatz handelt. Für den „normalen" Gebrauch würde sich jedenfalls die gottesdienstliche Gemeinde in den Bankreihen (zu Recht) winzig und unbedeutend vorkommen müssen. Die Benutzung der Kanzel wäre, ganz abgesehen von den akustischen Problemen, bei solchen Anlässen schon beinahe lächerlich. Denn der Abstand zwischen erhöht stehendem Prediger und Gemeinde ist gewaltig groß. Und man glaube ja nicht, dass diese ganz äußerlichen Umstände nicht auch mitpredigen würden! Geschichte ist eben manchmal nicht nur ein Gewinn, sondern auch eine Last (ich darf das sagen, weil ich mich ausführlich mit Geschichte beschäftige). Wie sehr uns dieses Erbe gefangen hält, ist eben besonders an den Kirchenräumen abzulesen: Die Gegenwart ist pausenlos und mit viel Zeit und Geld damit beschäftigt, die Überreste der Vergangenheit zu pflegen. Das ist in der Mehrzahl der Fälle auch eine lobenswerte Einstellung, die sich erst vor wenigen Generationen durchgesetzt hat. Unsere Vorfahren wären aber nie auf die Idee gekommen, sich mit diesem Tun zu begnügen. Sie haben, und zwar gerade in den Kirchen, immer wieder Neues hinzugefügt und dafür notfalls auch Altes entfernt und vernichtet. Heute aber ist dieser stetige Wandel zum Erliegen gekommen. Und so kann es nicht verwundern, wenn der Kirchenbesucher in einem gotischen Haus sitzt, auf den Gräbern der einstigen Patrone herumspaziert, auf einen 500 Jahre alten Altar blickt und von mindestens ebenso alten Skulpturen umgeben wird. Ist es wohl Zufall, dass sich nur ein sehr kleiner Teil der heutigen Gesellschaft in einer solchen Umgebung wohl fühlt?

In W., der Kirche mit einer besonders schwierigen und belasteten Geschichte, hat man eine praktikable Lösung gefunden, indem man den Hohen Chor mit Stühlen bestückt hat. Hier also versammelt sich die Gemeinde, gelegentlich durch einige Kurgäste verstärkt. Meistens kennen sich die Gottesdienstbesucher untereinander, und der Pfarrer kennt nach einer Weile die meisten seiner Schäfchen. So war es auch mit Frau B., die in höherem Alter vom Dorf in die Stadt gezogen war. Ich kannte sie noch von ihrem alten Wohnort her als treue Kirchgängerin und Mitglied in der Frauenhilfe. Nun ist allerdings die stehende Kirchenluft, besonders an schwülen und warmen Tagen, nicht sonderlich gesund. Ein guter Teil des Gottesdienstes war bereits vorbei, als ich mit Schrecken sah, dass der Kopf von Frau B. vornüber fiel. Wohl oder übel musste ich abbrechen und nach Frau B. sehen, die offenbar bewusstlos war. Gott sei Dank war ausgerechnet an diesem Sonntag unter den fremden Gottesdienstbesuchern ein Arzt, der sich umgehend meldete und die weitere Betreuung übernehmen konnte. Wer dann den Rettungswagen gerufen hat, der auch sehr schnell zur Stelle war, weiß ich nicht mehr. Der Gottesdienst musste jedenfalls formlos beendet werden, weil wohl niemand so hätte tun können, als wäre nichts passiert. Frau B. hat sich von diesem Ereignis aber zu unserer Beruhigung wieder erholt.

August 2016

Bad Wilsnack - Stadtkirche St. Nikolai

52

Andacht im Altersheim

Zu meinen Amtspflichten in W. gehörten auch Gottesdienste im Altersheim. Wenn ich mich recht entsinne, fanden sie alle 14 Tage statt und wurden abwechselnd von den beiden Pfarrern gehalten. Zu damaliger Zeit verfügte das Städtchen noch über zwei Seniorenheime, die sich jedoch in Größe und Charakter wesentlich unterschieden. Beide waren jedenfalls etwas außerhalb des Stadtzentrums gelegen, so dass man von ihrer Existenz innerhalb der Stadt kaum etwas bemerken konnte. Bei dem ersten Heim handelte es sich um eine kirchliche Einrichtung. Es war bereits in den 1920er Jahren auf Initiative des Kreisvereins der Evangelischen Frauenhilfe gegründet worden. Zu DDR-Zeiten verwandelten sie sich in Einrichtungen der Inneren Mission und konnten ihre Arbeit immerhin aufrecht erhalten. Wie der Alltagsbetrieb organisatorisch und finanziell funktionierte, entzog sich unserer Kenntnis allerdings so gut wie vollständig. Jedenfalls gab es traditionelle Kontakte zur Kirchengemeinde, auch wenn die alte Sitte, die Erntedankgaben dem Heim zu überlassen, aus praktischen Gründen im Absterben begriffen war. Das Heim hatte auch dadurch einen eigenständigen Charakter, dass etliche Bewohner noch geistig rege waren und daher dem Gottesdienst gut folgen konnten.

Bei dem weitaus größeren Heim in Trägerschaft der Arbeiterwohlfahrt war die Lage ein wenig anders. Unter den Bewohnern überwog doch die Zahl derjenigen, die schon erheblich pflegebedürftig waren. Die Belegschaft tat aber ihr Möglichstes, um den Aufenthaltsraum halbwegs in einen Andachtsraum zu verwandeln. Ebenso wurden die Bewohner, die ihr Interesse bekundet hatten, zum Gottesdienst gebracht. Groß war die Schar nicht, doch kamen im Schnitt vielleicht zehn bis zwölf Personen zusammen. Trotz des ungewöhnlichen Raumes (oder gerade deshalb) zog ich wie bei allen anderen Gottesdiensten auch den Talar an. Da die Räume aber stets gut geheizt waren und das Heim ebenso konstant einen spezifischen Geruch verbreitete, war für mich diese Stunde außerordentlich anstrengend. Natürlich stand auch keine musikalische Begleitung zur Verfügung, die mich hätte unterstützen können. Hinzu kam das Gefühl, wie ein fremder Gast im Hause aufzutauchen und wenig zu bewirken. Dennoch gab es auch hier die Erfahrung, dass einzelne Lieder, vor allem aber so bekannte Texte wie das Vaterunser auch solche Gottesdienstbesucher erreichte, von denen man es bei ihrer großen Hinfälligkeit nicht mehr erwartet hätte.

Besonders in Erinnerung bleibt mir Herr G., einstmals Besitzer eines großen Bauernhofes in einem nahegelegenen Dorf. Offenbar hatte er keine Kinder oder Verwandte, die ihm einen Lebensabend in der vertrauten Umgebung hätten ermöglichen können. Er war aber mit seinem Schicksal zufrieden und gehörte zu denjenigen, die selbstverständlich am Gottesdienst teilnahmen. Wahrscheinlich gehörte er als einer der letzten noch zu einer Generation, für die der sonntägliche Kirchgang Normalität gewesen war. Zu dem Gottesdienst im Altersheim – sonnabends um 14 Uhr – trug er ebenso selbstverständlich einen dunklen Anzug mit goldener Uhrkette. Während der Predigt schlief er regelmäßig ein, was man ihm aber bei seinem freundlichen Wesen und bei seinem hohen Alter von über 90 Jahren beim besten Willen nicht übelnehmen konnte. Meine Bemühungen um die Auslegung des sonntäglichen Predigttextes hatten also ganz bestimmt nur einen beschränkten Wert. Statt dessen wäre sehr viel mehr individuelle Seelsorge in den Heimen nötig gewesen, die aus Zeitnot und Unwissenheit nicht stattgefunden hat. Es bleibt daher nur der schwache Trost, dass auch diese mühsamen Gottesdienste nicht gänzlich umsonst gewesen sind. Hier und dort werden Worte, Melodien und Gebete sich ihren Weg gebahnt haben, auch dann, wenn sich die Aufnahmefähigkeit in altersbedingten Grenzen hielt.

Der Küchenfußboden

Sparsamkeit ist an sich eine lobenswerte Eigenschaft, auch für Kirchengemeinden. Bereits vor unserem Umzug wurden wir vorgewarnt: Eine Zentralheizung durfte im Pfarrhaus erst dann eingebaut werden, als auch der letzte große Bauernhaushalt im Dorfe über eine solche verfügte. Bei unserem Einzug wurde nun in der Tat zunächst nichts im Hause verändert, und ich selbst war wohl zu bescheiden, um sogleich Änderungen einzufordern. Der Fußboden in der Küche bestand aus schwarz-weißen Fliesen, die wahrscheinlich fast so alt waren wie das Pfarrhaus selbst. Der Raum wirkte dadurch ziemlich ungemütlich, vor allem aber waren die Fliesen bereits an vielen Stellen beschädigt. Sie blieben aber, wie sie waren, ebenso wie die wurmstichige und undichte Tür zur Speisekammer. Etwas wohnlicher wurde es erst durch unsere Küchenmöbel aus Kiefer, die einen freundlichen Akzent setzten. Die Arbeitsplatte in der Küche war aus ziemlich rohen Bohlen gezimmert. Ein vielseitig begabter Handwerker aus dem Ort hat sie uns freundlicherweise abgeschliffen, so dass sie einigermaßen ansehnlich wurde.

Mit meinem Amtszimmer sah es nicht viel anders aus. Renoviert wurde nichts, dafür habe ich um so mehr auf dem alten Nadelfilz herumgeputzt, um das Zimmer in einen vertretbaren Zustand zu versetzen. Immerhin war das Zimmer recht geräumig und bot einen wunderbaren Ausblick auf Kirche und Friedhof. Die gesamte Einrichtung habe ich freilich mitgebracht: Schreibtisch, Bücherregale, Aktenschränke, einen kleinen Tisch und zwei alte Sessel. Selbstverständlich gab es auch keinen gemeindeeigenen Computer, so dass auch hier meine eigene Technik zum Einsatz kam. Das einzige Inventar war ein Faxgerät, das ich aber nie benutzt und alsbald verschrottet habe. Im Grunde genommen ging es mir also fast genauso wie bei dem Dienstantritt in meiner ersten Pfarrstelle: Es gab zwar eine schöne Wohnung, aber nicht das geringste Inventar. Ich musste anfangen wie ein Frisör, ohne dass ich auch nur eine einzige Akte in die Hand bekam, geschweige denn irgendwelche Arbeitsmittel oder Bürotechnik. Als junger Mensch ist auch diese Situation zu bewältigen, aber je länger ich darüber nachdenke, desto mehr muss ich mich über diese absurden Zustände wundern. Niemand würde heute einen akademisch ausgebildeten Mitarbeiter gewinnen und einstellen können, ohne ihm einen akzeptablen Arbeitsplatz zu bieten.

Doch bei „Kirchens" ist alles etwas anders. Die Sparsamkeit an meinem zweiten Dienstsitz setzte sich also im Gemeinderaum ungebrochen fort. Auch dort wurde nichts renoviert, obwohl der Fußbodenbelag erkennbar schon einige Jahrzehnte seinen Dienst getan hatte. Noch älter war der lange Holztisch, der zwar ganz praktisch und unempfindlich war, aber nur durch ein Wachstuch verschönert werden konnte. Erst nach mehreren Jahren war es nach vielen Verhandlungen möglich, den Fußboden in der Küche zu erneuern und das Haus vorsorglich neu verfugen zu lassen. In jüngerer Zeit und in anderen Orten war des öfteren von ganz anderen Verfahrensweisen zu hören: Für jeden neu antretenden Pfarrer wurde das Haus nach seinen ganz speziellen Bedürfnissen umgebaut. Schnell wechselnde Nutzungen von kirchlichen Gebäuden zogen aufwändige Bauarbeiten nach sich. Und es gab nicht nur einen Amtsbruder, der dabei eigenmächtig gehandelt und die Kirchenkassen mehr als strapaziert hat. Bei treuen Gemeindegliedern, die es gewohnt waren, mit wenig Geld umzugehen, haben solche Beispiele zu Recht Anstoß erregt. Zu loben ist also weder das eine noch das andere Extrem. Ob sich wohl ein rechtes Mittelmaß finden lässt?

Preester, maok nich to lang!

Erst seit kurzem gehörte das Prignitzdorf Q., idyllisch an Havel und Elbe gelegen, zu meinem Amtsbereich. Jung an Jahren und sicher noch unerfahren im Amt, musste ich diesmal eine Beerdigung halten. Neben einem wunderbar symmetrischen, zu gotischer Zeit erbauten Giebel hat die dortige Backsteinkirche noch einen weiteren Vorzug: Der Friedhof befindet sich seit undenklichen Zeiten unmittelbar an der Kirche. Beide zusammen bilden sie das Zentrum des Ortes und versinnbildlichen anschaulich die christliche Idee von der Gemeinschaft der Lebenden und der Toten. Auf dem anonymen Gräberfeld steht heute ein Gedenkstein, auf dem das allbekannte Wort aus Psalm 90 zu lesen ist: Lehre uns bedenken, dass wir sterben müssen, auf dass wir klug werden. Die sorgfältige Pflege dieses Kirchhofes ist für alle Dorfbewohner selbstverständlich, ob Gemeindeglied oder nicht. Angesichts der sinkenden Einwohnerzahl ist er freilich etwas zu groß geworden, so dass nicht mehr alle Flächen durch Gräber belegt sind. Da es (zum Glück) keine separate Leichenhalle gibt, finden seit geraumer Zeit auch die „weltlichen" Beerdigungen in der Kirche statt. Protestiert hat dagegen weder die eine noch die andere Seite. Auf dem Lande liebt man keine theoretischen Debatten, sondern denkt in erster Linie pragmatisch.
Doch zurück zu jener konkreten Beerdigung.

Wie immer auf den Dörfern, war dieser Anlass einer der wenigen, bei dem die stattliche Kirche einigermaßen gefüllt war. Um so mehr kam es auf eine sorgfältige Vorbereitung der Feier an, obwohl dies zwangsläufig unter Zeitdruck geschehen musste. Die Trauergesellschaft saß bereits in der Kirche, als ich aus dem Auto stieg. Den hinreichend knitterfreien Talar hatte ich schon an, da es keine Sakristei zum Umkleiden gibt. Wahrscheinlich war ich etwas aufgeregt, zumindest aber in Gedanken versunken, als ich das Friedhofstor passierte und gemessenen Schrittes auf die Kirche zuging. Vor allem aber war es an diesem Tag kalt, sogar sehr kalt. Die Totengräber hatten bestimmt alle Mühe gehabt, um überhaupt das Grab ausheben zu können. Die Kirche war selbstverständlich ungeheizt, so dass sich die Trauergäste sicher in ihrer Kleidung darauf eingestellt hatten. Für den Pfarrer ist der Schutz vor der Kälte freilich schwieriger: Ein warmer Pullover und lange Unterhosen fallen unter dem Talar nicht auf. Handschuhe tragen geht allerdings nicht, und ein Schal kann auch getrost zuhause bleiben. Als Kopfbedeckung kommt allenfalls das altmodische Barett in Frage, auch dies aber nur außerhalb der Kirche. So hat es doch einige Anlässe gegeben, bei denen meine Finger so klamm wurden, dass ich am Ende nur mit Mühe den Talar wieder aufknöpfen konnte.

In solche Überlegungen vertieft, kam ich nun der Kirche näher. Vermutlich habe ich im Gei-

ste auch noch einmal den Ablauf der Trauerfeier durchgespielt. Auf dem Friedhof stand
nur noch die kleine Gruppe der Sargträger,
überwiegend ältere Männer aus dem Dorf. Ihr
ehrenamtlicher Dienst ist auch heute noch ein
schönes Zeichen für die Gemeinschaft des ganzen Ortes. Sie kamen normalerweise zuletzt in
die Kirche und setzten sich traditionell in die
hintersten Bankreihen. Plötzlich aber schallte
es mir mit lauter Stimme und im besten Plattdeutsch entgegen: Preester, maok nich to lang!
Dieser unverhoffte Befehl brachte mich sicht-
lich aus dem Konzept. Eigentlich war ich dafür
bekannt, dass Predigt und Gottesdienst bei mir
ohnehin kurz und knapp waren. Diskutieren
konnte ich nun auf dem Friedhof nicht, und so
habe ich wohl nur mit einem wortkargen „Ja,
ja" geantwortet. Die ungewöhnliche Kälte for-
derte ihr Recht, auch wenn jede Beerdigung
bekanntlich ein einmaliger Anlass ist.
Gelernt habe ich aus dieser kurzen Begeben-
heit gleich mehrere Dinge. Erstens war aus dieser nicht eben höflich und zurückhaltend vor-
gebrachten Anweisung zu entnehmen, dass bei
den Alteingesessenen das Plattdeutsche noch
keineswegs ausgestorben war. Sprache aber ist
in jeder Hinsicht verräterisch: Auch wenn man
in der plattdeutschen Anrede „Herr Paster"
sagen würde, so ist doch auch fast 500 Jahre
nach der Reformation der evangelische Pfarrer
immer noch Priester. Und die Namen sind hier
alles andere als Schall und Rauch. Dahinter

offenbart sich ein Verständnis von Kirche, das die Gemeinde nur allzu oft zum passiven Zuschauer macht. Der in aller Regel klägliche Gesang ist nur eines von vielen Zeichen, das diese These bestätigt. Dies freilich ist ein Problem für sich, an dem sich schon viele Generationen von Pastoren redlich abgearbeitet haben.

Zweitens zeigte die Bemerkung, die doch keine drei Sekunden in Anspruch genommen hatte, dass auch feierliche Anlässe von der märkischen Seele nicht in den Himmel gehoben werden. Das Ritual ist notwendig, aber es ist nur ein Teil des alltäglichen Lebens. Bei dieser grundsätzlich nüchternen Betrachtungsweise verwundert es natürlich nicht, wenn noch eine andere Sitte fest mit der Beerdigung verbunden ist, nämlich die anschließende Kaffeetafel. Ein frommer Mensch mag daran Anstoß nehmen, dass schon kurz nach der Beisetzung in gemütlicher Runde über sehr banale Dinge geschwatzt wird. Man kann diese unleugbare Tatsache aber auch positiv sehen. Das gemeinsame Essen und Trinken ist eine Überleitung in den Alltag, in dem der Tod nicht das letzte Wort haben soll.

Drittens schließlich wird mir durch diese Anekdote einmal mehr bewusst, dass unser Gedächtnis kein unbestechliches Protokollbuch ist. Zufällige Begegnungen, ungewöhnliche Eindrücke, ja sogar unwichtige Details prägen sich oft tiefer in unsere Erinnerung ein, als lange Berufsjahre voller Routine. Und je länger diese Dinge zurückliegen, desto mehr verwandelt sie unser rätselhaftes Gehirn in ein ganz individuelles Bilderbuch. So entsteht fast unmerklich ein Schatz, von dem wir gelegentlich zehren, den wir am Ende aber mit ins Grab nehmen.

Armenpöbel in der Prignitz

Sitzung im Mantel

Der Tradition gemäß verfügt jede rechtlich selbständige Kirchengemeinde über ihren eigenen Gemeindekirchenrat. Im Prinzip ist es dabei egal, ob nun die Gemeinde 100 oder 2.000 Gemeindeglieder umfasst – die zu bewältigenden Aufgaben werden durchaus ähnlich sein. Laut Grundordnung sollte der Gemeindekirchenrat im Regelfall einmal im Monat tagen, um seinen Pflichten gewissenhaft nachkommen zu können. Da es in meinem Pfarrsprengel keine Bestrebungen gab, Gemeinden auf Gedeih und Verderb zu fusionieren, kamen bei zehn Kirchendörfern immerhin sieben Gemeindekirchenräte zustande (eine Fusion hatte es bereits vor längerer Zeit gegeben, in zwei weiteren Fällen handelte es sich um Kapellengemeinden). Bei der geringen Anzahl von Gemeindegliedern war es schon seit geraumer Zeit nicht einfach, genügend Kandidaten für das Amt eines Kirchenältesten zu finden. Stand ein Generationswechsel bevor, ergab sich die schwierige Aufgabe, jüngere Menschen für dieses Amt zu finden und zu motivieren. Dieser Druck war aber durchaus heilsam und hat Menschen zum Ältestenamt gebracht, die sich selbst vermutlich nie in dieser Rolle gesehen hätten. Bei einer Versammlung aller Gemeindekirchenräte des Pfarrsprengels, die der damalige Superintendent anberaumt hatte, war er nicht schlecht erstaunt, im Dorfgemeinschaftshaus annähernd fünfzig Personen vorzufinden. So aufwändig die fortwährende Arbeit mit diesen vielen Gremien auch war, so bemerkenswert ist doch die Vielzahl der Gemeindeglieder, die sich auf diese Weise für die Belange ihres Dorfes und ihrer Kirche eingesetzt haben. Unter ihnen befanden sich nicht wenige Berufstätige, die die Sitzungen noch nach einem anstrengenden Arbeitstag über sich haben ergehen lassen.

Die Sitzungen als solche wurden nach wie vor in einem handschriftlichen Protokollbuch festgehalten. Der Inhalt dieser Besprechungen kreiste sicherlich allzu häufig um die äußeren Dinge der Kirchenverwaltung – Baufragen, Grundstücksangelegenheiten, Abnahme der Jahresrechnung, Planung der Küsterdienste und vieles andere mehr. Die Sitzungen waren dadurch aber ein getreues Spiegelbild dessen, was das kirchliche Leben in einem dörflichen Umfeld bestimmte. Inhaltliche Fragen des Glaubenslebens oder des Gottesdienstes kamen sicherlich zu kurz und werden sich nur selten in den Protokollbüchern finden. Auch die Bereitschaft, für das Nachbardorf mitzudenken, war sehr begrenzt. Ob sich in diesen Punkten in Zukunft etwas zum Besseren wendet, wird sich zeigen. Es ist jedenfalls tröstlich zu sehen, dass die Palette der verhandelten Themen auch vor hundert und noch mehr Jahren nicht viel anders aussah als in der Gegenwart.

Die äußeren Umstände der Sitzungen waren oftmals bescheiden schön. Gefunden werden musste ja ein Tagungsort, der gut erreichbar war und sich möglichst in kirchlichem Eigentum befand. Am einfachsten zu regeln war diese Frage dort, wo sich der Sitz des Pfarramtes befand. Hier stand ein Gemeinderaum zur Verfügung, der genauso für die winterlichen Gottesdienste und für den Konfirmandenunterricht diente. Allerdings führte der Weg bei allen diesen Anlässen durch den Flur des Pfarrhauses und durch mein Amtszimmer. Wer dann bei schlechtem Wetter anschließend für die Reinigung zuständig war, lässt sich auch mit wenig Fantasie zuverlässig erraten. Schwieriger gestalteten sich die Dinge, wenn es sich um ehemalige Pfarrhäuser handelte, die nicht mehr als solche genutzt wurden. In der kalten Jahreszeit musste dann jemand beizeiten die Heizung aufdrehen oder gar noch den Ofen heizen. Wenn das nicht rechtzeitig geschah, waren die Räume noch so ausgekühlt, dass kalte Füße vorprogrammiert waren und man Jacke oder Mantel auch während der Sitzung anbehalten musste. Von einem Filialdorf mussten zudem Kirchenälteste, die keine Fahrgelegenheit hatten, mit dem Auto abgeholt und wieder zurückgebracht werden. In einem weiteren Fall fanden die Sitzungen (allerdings nicht monatlich) gar im Wohnzimmer einer langjährigen Kirchenältesten statt, weil kein anderer Raum zur Verfügung stand. Summa summarum waren es also mancherlei Umstände, die sich keine Behörde und keine größere Firma antun würde.

Verbesserungsmöglichkeiten gibt es also allemal, auch bei den ganz trockenen Angelegenheiten der kirchlichen Verwaltung.

Denkmalpflege mit Spätfolgen

Wer ein ganzes Dutzend an Gebäuden zu verwalten hat, wird auch als Pfarrer nicht davon verschont werden, sich um diverse Bauarbeiten kümmern zu müssen. Im Prinzip hatte ich gegen diese Beschäftigungen nichts einzuwenden, weil ich im Unterschied zu manch anderen Theologen der Überzeugung war, dass diese Dinge sehr wohl zu den Amtspflichten eines Pfarrers dazugehören. Da nun die Kirchengebäude, so verschieden sie auch sein mögen, praktisch alle unter Denkmalschutz stehen, ergeben sich bei ihrer Instandhaltung eine ganze Reihe von Schwierigkeiten. Häufig beginnen und enden die Probleme damit, dass das Geld nicht reicht. So manches Mal habe ich Außenstehenden an diesem Beispiel erklären müssen, dass die Kirchengemeinden ganz überwiegend als verarmt bezeichnet werden müssen: Die vorhandenen Finanzen reichen in vielen Fällen nicht aus, um die Gebäude dauerhaft zu erhalten. Nun gibt es allerdings unter den Gemeinden beträchtliche Unterschiede. Es gibt gut ausgestattete Muttergemeinden, die aus eigener Kraft die wichtigsten Aufgaben bewältigen können. Es gibt aber auch solche Gemeinden, denen nur ganz geringe Einnahmen zur Verfügung stehen und die für jedes Bauvorhaben auf fremde Hilfe angewiesen sind. Aus heutiger Sicht ist es daher fast unbegreiflich, wie in der Zeit um 1900 selbst kleine Dorfgemeinden eine vollkommen neue Kirche errichten konnten. Ich habe mich nicht nur einmal gefragt, was denn ein solcher Kirchbau in der Gegenwart kosten würde.

Der Umfang der Bauarbeiten, der an den einzelnen Gebäuden geleistet werden musste, unterschied sich ganz erheblich. Im schlimmsten Fall ging es darum, eine Ruine wieder zu einer Kirche zu machen – ein Fachwerkbau aus dem Jahre 1680, der zu jener Zeit mit sicher nicht weniger Mühe nach den Verwüstungen des Dreißigjährigen Krieges errichtet worden war. In anderen Fällen waren feuchte Wände zu sanieren, Verfugungen zu erneuern oder ganze Dächer neu zu decken. Es bewahrheitete sich somit die Faustregel, dass jede Generation von neuem vor der Aufgabe steht, neben den alltäglichen Reparaturen eine umfangreiche Renovierung vorzunehmen. So ließe sich zu fast jedem Gebäude eine eigene Geschichte erzählen. In nicht wenigen Fällen hat die Mithilfe kundiger Gemeindeglieder dazu beigetragen, die Kosten in erträglichen Grenzen zu halten. Dass die Denkmalpflege nicht immer ein hilfreicher Begleiter war, wäre ein Thema für sich, das bis heute selten oder nie öffentlich diskutiert wird. Ein besonders großer Aufwand war auch notwendig, um eine wertvolle barocke Orgel wieder in ihren Ursprungszustand zu versetzen.

In praktisch allen diesen Fällen war es unumgänglich, auf die Suche nach dem notwendigen Geld zu gehen. Es wurden also viele Blatt

Papier verbraucht, um Anträge zu schreiben, Gutachten zu erstellen und Genehmigungen einzuholen. Um der Kostenersparnis willen musste ich in einem Falle auch selbst Fotos der betreffenden Kirche anfertigen, um die Anträge hinreichend anschaulich gestalten zu können. Wenn ich nicht irre, war es im sehr zeitigen Frühjahr, als ich samt Kamera in das Dorf fuhr, um das Kirchengebäude zu fotografieren. Es war ein eisiger Wind, der über die Friedhofsmauer blies. Wenige Tage später hatte ich eine heftige Erkältung, so dass sich meine Stimme im tiefen Keller befand und auch das andauerende Inhalieren nur begrenzte Wirkung zeigte. Wahrscheinlich hatte ich großes Glück, ohne eine Lungenentzündung davongekommen zu sein. Seltsamerweise kamen solche Infekte nicht etwa dann, wenn man in einer ungeheizten Kirche durchgefroren war, sondern bei anderen Gelegenheiten. So oder so war es Berufspech.

Der Schlitten

Beerdigungen gehören nun einmal zu den häu-
figsten Amtshandlungen, die ein Pfarrer zu ab-
solvieren hat. Statistisch gesehen ist das eine
traurige Tatsache, weil es nichts anderes bedeutet, als dass sich die Zahl der Gemeindeglieder kontinuierlich verringert. Auch viele noch
so treue Arbeit hat diesen Trend, zumindest in
den ländlichen Regionen, bisher nicht umkeh-
ren können. Wenn also der Anlass einer Beerdigung im doppelten Sinne traurig ist – sowohl
für die Angehörigen als auch für die Kirchengemeinde – so ist er doch von großer Bedeu-
tung. Ältere Anleitungen für den pastoralen
Dienst mahnen deshalb völlig zu Recht, dass
jede Trauerfeier mit besonderer Gründlichkeit
vorbereitet werden soll. Denn es entspricht
sicherlich den Tatsachen, dass die Ohren der
Zuhörer bei einer solchen Feier in besonderem
Maße für die biblische Botschaft empfänglich
sind. Darüber hinaus sind bei einer Beerdigung
zahlreiche Personen anwesend, die ihren Fuß
sonst in keine Kirche setzen würden. Da nun
jede Beerdigung unter erheblichem Zeitdruck
vorbereitet werden muss, gehört für den Prediger trotz aller erlaubten Routine doch auch
immer ein wenig Aufregung dazu.
In dem zu berichtenden Fall kamen nun noch
einige erschwerende Umstände hinzu: Die
Trauerfeier sollte in der Kapelle der Burg P.
stattfinden, die eigentlich nicht zu meinem

Amtsbereich gehörte. Außerdem kannte ich die Verstorbene, die an einem weit entfernten Ort gewohnt hatte, persönlich überhaupt nicht. Wie in so manchen Fällen musste ich mich also vollständig auf die Berichte der Angehörigen verlassen. Die Familie von S. bestand zudem aus sehr honorigen Personen, deren gestrenge Vorfahren einst das Patronat über zahlreiche Kirchen der Umgegend ausgeübt hatten. Zum Verhängnis wurden mir nun aber nicht diese Umstände, sondern ganz banale Dinge. Es war in jenen Tagen tiefer Winter, so dass sich unsere Kinder über etwas Schnee freuen konnten. So wurde auch der Schlitten aus dem Stall geholt und nach der kurzen Ausfahrt auf dem Hof des Pfarrhauses stehen gelassen. Um rechtzeitig zu der Trauerfeier aufzubrechen, fuhr ich nun den Wagen rückwärts aus dem Carport. Ich kam allerdings nicht weit, weil sich der Schlitten mit einem grässlichen Geräusch unter dem Wagen verkeilte. Ich hätte ihn wohl sehen müssen, als ich zum Auto ging, war aber mit meinen Gedanken sicher längst bei der Beerdigung. Nun ging es auch nach mehreren Versuchen weder vorwärts noch rückwärts, so dass ich wohl nur mühsam einen veritablen Fluch unterdrückt habe. Es blieb nichts anderes übrig, als unseren getreuen Nachbarn um Hilfe zu bitten. So schnell er in seinem fortgeschrittenen Alter konnte, holte er seinen Wagen aus der Garage und brachte mich in die nächstgelegene Stadt. Die Fahrt dorthin war bei Eis und

Schnee durchaus gefährlich, weil sich neben der kürzesten Straßenverbindung ein tiefer Graben befand. Es dauerte also seine Zeit, bis wir in W. angelangt waren und ich in das Auto des Organisten umsteigen konnte. Erst nach geraumer Zeit kamen wir am Bestimmungsort an. Mir blieb nichts anderes übrig, als die Trauerfeier mit einer umständlichen Entschuldigung zu beginnen. Eine Handyverbindung, mit der jemand die wartende Trauergemeinde hätte benachrichtigen können, gab es nicht. Alle Beteiligten waren also in der selbstverständlich nicht heizbaren Kapelle schon erheblich durchgefroren, als die Feier endlich beginnen konnte. So ist diese Stunde sowohl mir als auch den Angehörigen dauerhaft in Erinnerung geblieben.

Land unter oder nicht?

Meine zweite Pfarrstelle befand sich in einer Gegend, die unmittelbar an Havel und Elbe liegt. Die Einwohner dieser Dörfer hatten sich deshalb schon immer durch Deiche vor dem Hochwasser schützen müssen, um überhaupt Ackerbau und Viehzucht betreiben zu können. Noch in der Mitte des 19. Jahrhunderts gab es schwere Überflutungen, durch die die Felder versandet wurden und die Bauern fast ihre Lebensgrundlage verloren hätten. Ältere Einwohner in Q. konnten sich noch aus Erzählung ihrer Eltern erinnern, dass die Straßen des Dorfes 1926 vollständig unter Wasser standen. Nun ist freilich das eigene Erleben einer solchen Gefahr etwas anderes als die Berichte über weit zurückliegende Katastrophen. Im Keller unseres Pfarrhauses stand nur gelegentlich etwas Wasser, das nach einigen Wochen auch von allein wieder verschwand. Das schöne Backsteinhaus hatte man wohlweislich auf Natursteinen gegründet und den Keller nicht gepflastert. Im Sommer 2002 erreichten nun die Wasserstände bisher unbekannte Höhen. Die notwendige Sanierung der Deiche war noch nicht so weit fortgeschritten, dass sich die Verantwortlichen ruhigen Gewissens hätten zurücklehnen können. Vielmehr wusste niemand genau zu sagen, was bei welchen Pegelständen eintreten würde. Tagelang war es eine ernsthafte und bange Frage, ob die Deiche wirklich an allen

Stellen den Fluten standhalten würden. Außerdem fehlte es an einem genauen Überblick, auf welcher Höhe über Normalnull die einzelnen Gemarkungen und Ortschaften lagen. Irgendwelche Vorhersagen für den Fall der Fälle waren daher kaum möglich. Deshalb galt es zunächst, die Schwachstellen der vorhandenen Deiche mit Sandsäcken zu verstärken. Mit großer Selbstverständlichkeit haben sich in diesen Tagen neben den abkommandierten Einheiten der Bundeswehr zahllose freiwillige Helfer für diesen Zweck gefunden. Und so haben auch wir bei sengender Hitze Sandsäcke befüllt und transportiert. Die Kunststoffgläser meiner Brille waren anschließend völlig zerkratzt, weil sie dem ständigen Abwischen von Sand und Schweiß nicht standhielten. Schlimmer war aber die Ungewissheit, was im Falle eines Deichbruches eintreten würde. Als Vorsichtsmaßnahme hatten wir daher alle wichtigen Gegenstände aus der ersten Etage des Pfarrhauses auf den Dachboden getragen. Zusätzlich entschlossen wir uns, in Q. und in R. die Kirchentüren etwa einen halben Meter hoch zumauern zu lassen. Denn eine Schlammlawine hätte sicherlich gereicht, um enormen Schaden in der Kirche anzurichten. Kurz darauf erfolgte die Anweisung, dass alle Einwohner die Orte in unmittelbarer Deichnähe verlassen sollten. Wir haben das auch getan, weil im Falle einer Überschwemmung sämtliche Straßenverbindungen unterbrochen gewesen

wären. Die weiteren unvermeidlichen Folgen –
Abschaltung der Stromversorgung, Überlaufen
der Klärgruben – wollten wir uns gar nicht erst
vorstellen. In diesen aufregenden Tagen stand
nun auch eine Beerdigung in dem Dorf Ro. an,
das wohl hoch genug lag, um nicht unmittelbar gefährdet zu sein. Unter meinen Predig-
ten dieser Zeit ist es wohl die einzige, die ich
handschriftlich verfassen musste. Denn mein
Computer stand ja noch unbenutzbar auf dem
Boden des Pfarrhauses herum. Erinnerlich ist
mir diese Beisetzung aber nicht nur wegen der
absonderlichen Umstände, sondern auch wegen der beigesetzten Person. Es war eine Frau,
die einst als Flüchtling in das Dorf gekommen
war und ein bescheidenes Leben führte. Ihre
gelbliche Gesichtsfarbe ließ hinsichtlich ihrer
Gesundheit nichts Gutes ahnen. Ich hatte sie
einige Wochen zuvor zufällig gesprochen und
wusste daher, dass sie aus der Kraft des Glaubens lebte und mit ihrem Schicksal nicht ha-
derte. Das machte es mir leichter, diese Predigt
zu verfassen. Denn in ihrer großen Bescheiden-
heit erschien mir diese alte Frau wie ein Muster
christlichen Lebens.
Die Deiche haben damals – Gott sei Dank – den
enormen Wassermassen standgehalten. Wir
konnten die Eingänge der Kirchen wieder öff-
nen lassen und unsere Wohnungseinrichtung
wieder vom Dachboden hinuntertragen. Mit
ziemlicher Sicherheit hatten wir unterschätzt,
dass unsere Vorfahren die Kirchen immer auf

dem höchsten Punkt des jeweiligen Ortes errichtet haben. Auch im schlimmsten Fall eines Deichbruches wäre unsere Wohnungseinrichtung wohl nicht betroffen gewesen. Trotzdem hätte ich nicht die Probe aufs Exempel machen wollen, wenn das Wasser in die Dörfer gelaufen wäre. Wer die Luftbilder aus diesen Tagen gesehen hat, kann sich die Gefahr auch im Nachhinein lebhaft vorstellen. Die Siedler des 12. und 13. Jahrhunderts waren also mutige Leute, die sich in diesen Landschaften niederließen und ihr Brot im Schweiße ihres Angesichts aßen.

Legde OT. Reddau · Prignitz.   Ludwig Kotann

Der Großgrundbesitzer

Die Sorge um den kirchlichen Grundbesitz beschäftigt die Kirchengemeinden immer wieder von neuem, zumindest dann, wenn es sich um Gemeinden handelt, die mit landwirtschaftlichen und sonstigen Flächen ausgestattet sind. Das war bei mir zweifellos der Fall, weil ich ein Gebiet zu versorgen hatte, das ehemals von vier Pfarrstellen aus betreut wurde. Auch wenn ich keine genauen Zahlen mehr weiß, so handelte es sich insgesamt um mehr als 250 Hektar Acker, Wiesen, Wald, Friedhöfe und Gebäudeflächen. Im Scherz konnte ich also behaupten, dass ich der mit Abstand größte Bauer im Dorfe war (nur fehlte mir dazu das nötige Wissen). Bei dieser Ausdehnung gab es auch wirklich immer etwas zu tun. Zunächst war es schwierig genug, sich auch nur einen ungefähren Überblick zu verschaffen. Dazu mussten die notwendigen Flurkarten beschafft werden und die Ländereien auch bei Gelegenheit in der Örtlichkeit besichtigt werden. Dabei ergab es sich zum Beispiel, dass eine nicht unbeträchtliche Fläche, die im Kataster seit Jahr und Tag nur als Ödland geführt wurde, in Wahrheit durchaus nutzbares Grünland war. Entsprechend schwierig und zäh waren die Verhandlungen über die Pachtverträge. Mindestens ebenso schwierig war die endgültige Trennung des ehemaligen Küsterschulvermögens, die trotz gesetzlicher Grundlagen weder nach 1918

noch nach 1945 zum Abschluss gebracht worden war. Die Palette der Themen ließe sich unschwer fortsetzen: Jagdpachtversammlungen,
Vermessungsfragen, Grundbuchangelegenhei-
ten, Holzeinschlag, Kauf- und Verkaufsver-
handlungen, Erbbaupachtverträge, Grenzstrei-
tigkeiten und andere Dinge mehr. Manch einer
wird sich fragen, ob solche Beschäftigungen zu
den Aufgaben eines Pfarrers gehören. Ich habe
dies bejaht und tue es auch heute noch, obwohl
viele von diesen Angelegenheiten inzwischen
von den kirchlichen Verwaltungsämtern übernommen worden sind. Der Grund dafür lässt
sich recht einfach beschreiben: Dieser Landbe-
sitz ist vor undenklichen Zeiten der Kirche zugeteilt worden, damit von seinen Erträgen Kirche und Pfarrer unterhalten werden konnten.
Diese Zweckbestimmung trifft auch heute noch
zu, nur leider geht die Rechnung seit rund hundert Jahren nicht mehr wirklich auf. Die Einnahmen aus meinem Beritt hätten bestenfalls
ausgereicht, um eine halbe Pfarrstelle zu finan-
zieren, von der Instandhaltung der Gebäude
ganz zu schweigen. Besonders eindrücklich
war mir deshalb eine Überlegung, die Herr R.,
ein betagter Landwirt und Kirchenältester an-
gestellt hat: Sein Bauernhof hatte früher eine
ganze Familie samt Personal ernähren können.
Nun lastete der Gedanke schwer auf seiner
Seele, dass die Pacht für diesen Besitz nur noch
ein Zubrot zu seiner Rente war.

Ein letztes, kurioses Beispiel in Grundstücksfragen muss hier noch seinen Platz finden. Es ging dabei in mehrfacher Hinsicht um die Kirche in R. Für ihren Wiederaufbau mussten mancherlei Fördermittel besorgt werden. Verständlicherweise sollte die Kirchengemeinde zunächst nachweisen, dass ihr die Kirche auch tatsächlich gehört, aber das konnte sie nicht. Es stellte sich heraus, dass eine genaue Vermessung und die Eintragung in die Grundbücher zu Beginn des 20. Jahrhunderts unterblieben war. Das ganze Grundstück einschließlich des ehemaligen Friedhofs galt deshalb als Volkseigentum. Es war nun höchste Zeit, diesen Fehler zu korrigieren. Das Vorhaben gelang, doch war die Hälfte des einstigen Friedhofes verloren, weil man passenderweise einen Kinderspielplatz darauf errichtet hatte. Ein solches Maß von Kulturlosigkeit dürfte einen gewissen Seltenheitswert besitzen. Aber wie in so vielen Fällen gilt auch hier: Aufbauen ist schwerer als zerstören.

Taufe mit Gebrüll

Auch die Kirche in B. ist ein Juwel unter den Dorfkirchen. Erbaut wurde sie vollkommen neu und aus Backstein im Jahre 1915, weil die wesentlich bescheidenere Vorgängerkirche an einer Stelle stand, die bei Hochwasser ernstlich gefährdet war. Ein wunderschön geschmücktes Portal empfängt die Besucher, und der dahinter liegende Raum dient schon seit längerer Zeit als einigermaßen beheizbare Winterkirche. Nur ein Punkt ist als bedauerlich zu vermerken: Die in der großen Kirche befindliche Orgel ist seit geraumer Zeit nichts anderes als ein Schrotthaufen. Leider war sie wohl von Anfang an nicht von einer solchen Qualität und Dauerhaftigkeit, dass eine fachgerechte Restaurierung lohnen würde. Als Ersatz wurde statt dessen ein kleines elektronisches Instrument beschafft, das im Falle des Falles seinen Zweck erfüllt, aber auch nicht gerade höhere musikalische Ansprüche erfüllen kann. Und noch eine Besonderheit gibt es in B. zu beobachten: Direkt neben der Kirche befindet sich die Gaststätte, seit langem in Familienbesitz, Treffpunkt für das Dorf und bekannt für das ausgezeichnete Essen. Würde man die Besucher in Kneipe und Kirche zählen, würde wohl die Kirche trotz ihrer Schönheit den Kürzeren ziehen.

Doch um keinen Neid aufkommen zu lassen, will ich von dem kirchlichen Leben berichten, das sich in dieser Dorfkirche zugetragen hat. Für einen bestimmten Sonntag war die Taufe von zwei kleinen Kindern fest verabredet und geplant. Für eine kleine Kirchengemeinde ist das in jedem Fall und ohne Frage ein sehr erfreuliches Ereignis. Nun haben ja die Generationen vor uns eifrig dafür geworben und gekämpft, dass sowohl das Abendmahl als auch die Feier der Taufe keine Veranstaltungen für sich sind, sondern im Gemeindegottesdienst stattfinden sollen. So haben wir es natürlich auch hier gehalten (die einzige Ausnahme einer abendlichen Taufandacht, die ich erlebt habe, hat dann doch einmal Rücksicht auf eine große Familienfeier genommen). Normalerweise habe ich im Taufgespräch immer vorgeschlagen, die Täuflinge während der ersten Hälfte des Gottesdienstes noch vor der Kirche spazieren zu fahren. Durch diese Vorsichtsmaßnahme konnte man in der Regel davon ausgehen, dass die Festgemeinde eine gute Chance hat, der Liturgie und der Predigt folgen zu können. In diesem Falle war es, wenn mich nicht alles täuscht, anders. Die Täuflinge hatten diesmal Gelegenheit, dem ganzen Gottesdienst zu folgen und witterten nun ihrerseits die Chance. Es dauerte nicht lange, und sie gewannen mit ihrem Gequengel und Gebrüll die Oberhand. Nach der Predigt, deren Inhalt die Anwesenden vermutlich nur noch wenig interessierte, war ich mit meiner Stimme ziemlich am Ende. Es mag sein, dass ich dann spontan versucht habe, den restlichen Ablauf des Gottesdienstes zusammenzukürzen. Man merke also: Auch erfreuliche Anlässe können eine erschöpfende Wirkung haben. Irgendwie kam mir dazu später in den Sinn, was Wilhelm Busch in „Max und Moritz" den Herrn Schlich sagen lässt: Höchst fatal, aber diesmal auch für mich!

Übrigens, das sei hier um der Vollständigkeit willen angefügt, habe ich in dem nämlichen Dorf B. auch den stärksten Regenguss während einer Beerdigung erlebt. Der Friedhof befindet sich in diesem Fall nicht an der Kirche, so dass nur eine Leichenhalle zur Verfügung steht. Nach der Trauerfeier war es grundsätzlich üblich, dass ich unmittelbar hinter dem Sarg ging und auch nach dem letzten Gebet neben dem Grab stehenblieb. In diesem Fall war es nun eine außerordentlich große Trauergemeinde, die dem Sarg folgte. Da sich das Wetter bekanntlich nicht bestellen lässt, konnte die Feier wegen des Regens natürlich nicht verschoben werden. Die meisten Teilnehmer waren entsprechend gekleidet oder hatten einen Schirm zur Verfügung, nur ich nicht. Ich stand in meinem Talar wie ein begossener Pudel da, ohne dass mir jemand einen Schirm gehalten hätte. Das Wasser lief mir nach einer Weile spürbar den Rücken hinunter, aber es half nichts. Nur habe ich bei dieser Gelegenheit wohl nicht an der obligatorischen Kaffeetafel teilgenommen, nicht aus Gnatz, sondern weil ich zu Hause erst einmal gründlich trocknen musste.

Gemeinde Ruthstädt · Bälors   Ludwig Klann

Gottesdienst durchs Schlüsselloch

Um die zahlreichen Dörfer eines ländlichen Pfarrsprengels zu versorgen, ist es unumgänglich, auch an Sonnabenden Gottesdienste zu halten. In einigen Orten war es üblich, den späteren Nachmittag dafür zu verwenden, in anderen Orten fanden die Gottesdienste abends statt. Hinter diesem Brauch steht die bange Frage, wie denn überhaupt ein geistliches Leben aufrecht erhalten werden kann, wenn eine Vielzahl von Kirchen „bedient" werden muss. De facto laufen diese Regelungen darauf hinaus, dass jedes Dorf durchschnittlich einmal im Monat mit einem Gottesdienst „versorgt" wird. Das ist vielleicht noch eine akzeptable Lösung, wenn gleichzeitig versucht wird, gewisse Höhepunkte des Gemeindelebens einigermaßen gerecht auf die verschiedenen Ortschaften zu verteilen. Trotzdem ist es unabwendbar, dass dann auch größere Dörfer zum Beispiel keinen Adventsgottesdienst mehr feiern, weil ja zwischen Totensonntag und Heiligabend nicht mehr genügend Sonntage zu verplanen sind. Die unabweisliche Folge davon ist es, dass Tradition und Sinn des Kirchenjahres immer weiter verloren gehen. Als ich diese unvermeidlichen Regelungen einem katholischen Studienkollegen und Freund erzählt habe, traute dieser seinen Ohren nicht mehr. Aus der Optik einer katholischen Pfarrei war es unvorstellbar, dass nur einmal im Monat Gottesdienst gefeiert wird. Hinzu kommt das Problem, dass bis zum heutigen Tage die Feier des Abendmahls in den evangelischen Kirchen als ein besonderes Ereignis, aber nicht als Normalfall für einen Gottesdienst betrachtet wird.

Die Versorgung der Dörfer bleibt also ein Problem, nicht zuletzt für den zuständigen Pfarrer. Mit seinem Terminkalender muss er sich zu Recht wie ein Hamster im Laufrad fühlen. Und in meinem Fall war es tatsächlich so, dass unsere Familie niemals länger als zehn Tage Urlaub machen konnte. Danach warteten wieder die Vorbereitungen für die nächsten Gottesdienste, um keine allzu großen Lücken entstehen zu lassen. Ein echtes Problem tut sich zu Heiligabend auf, wo sich ein tatsächliches Bedürfnis nach dem je eigenen Gottesdienst zeigt. Ohne Vertretungsdienste ist der 24. Dezember also keinesfalls zu bewältigen. Ich selbst habe nie mehr als drei Gottesdienste hintereinander halten können. Ich weiß wohl, dass es Kollegen gab, die noch mehr Christvespern gehalten haben. Ob dies ein Ruhmesblatt ist, sei dahingestellt. Wohin die Reise in der Zukunft geht, ist schwer zu sagen. Ehrlicher wäre es, eine ganze Reihe von Kirchen aufzugeben und dort keine Gottesdienste mehr anzubieten. Insgeheim habe ich mir schon manches Mal eine Regel wie bei den Synagogengottesdiensten gewünscht: Wo sich nicht wenigstens zwölf Personen versammeln, wird kein Gottesdienst gefeiert. Nach meinen Erfahrungen hätte das bedeutet, dass wenigstens die Hälfte unserer Dorfkirchen entbehrlich gewesen wäre. Aber wozu sollen Kirchengebäude erhalten werden, wenn sie nicht mehr ihrem ursprünglichen Zweck dienen? Die Entscheidung für den einen oder den anderen Weg ist deshalb so schwierig, weil es ganz offensichtlich nur wenige überzeugende Alternativen gibt. Im Regelfall ist es auch heute noch so, dass die Dorfbewohner nicht gewillt (oder nicht in der Lage) sind, zum Gottesdienst in das nächste oder übernächste Dorf zu kommen. Und auch die Vertretung durch Lektoren oder Pastoren im Ruhestand kann keine Lösung für den Normalfall sein. Vor einigen Jahrzehnten hat es bereits radikale Experimente gegeben: Einzelne Dorfkirchen wurden aufgegeben, weil die Bausubstanz unter den Bedingungen des realen Sozialismus beim besten Willen nicht mehr zu erhalten war und die Zahl der Gottesdienstbesucher sehr gering war und blieb. Das Ergebnis dieser Experimente war freilich keine aktivere, fusionierte Großgemeinde, sondern das fast völlige Absterben kirchlichen Lebens in dem Dorf mit der angeblich überflüssigen Kirche. Nach der Wende wurden diese Versuche mit sehr viel Geld und Arbeit rückgängig gemacht, so gut es ging. Das Ergebnis dieser Bemühungen ist ein nach wie vor sehr bescheidenes Gemeindeleben. Aber immerhin ist „die Kirche" in der Fläche sichtbar und präsent, wie sie es seit undenklichen Zeiten auch war. Und deshalb bin ich lieber der Hamster im Laufrad als derjenige, der die letzte Kerze auspustet. Die gegenwärtig propagierte Pflege besonderer „Leuchttürme" (sei es in der Kultur- oder in der Kirchenpolitik) dient dagegen eher der Selbstbeweihräucherung als dem Dienst am Menschen.

Nun ist aber noch von einem besonderen Sonnabendabend zu berichten: Der Gottesdienst war angesetzt in dem kleinen, aber sehr ansehnlichen Dorf G., das jedem Touristen schon wegen seiner Allee aus Birnbäumen in Erinnerung bleiben muss. Dort steht eine kleine Kapelle aus Fachwerk. Die sehr einfache Ausstattung konnte vor einigen Jahren durch einen modernen Flügelaltar ergänzt werden. Er hatte zuvor in einem kirchlichen Altersheim in der nahegelegenen Stadt gestanden. Die Gemeinde in G. war keine rechtlich selbständige Kirchengemeinde (daher zu Recht die Bezeichnung als Kapelle), bestand aber ganz selbstbewusst auf ihren eigenen Gottesdiensten. Diese abendlichen Gottesdienste in G. waren angenehm (früher hätte man gesagt: erbaulich), weil sie in einer gesammelten Atmosphäre stattfanden. Im Pfarrhaus hatte ich für die nächsten Gottesdienste am Sonntag schon die Abendmahlsgeräte bereitgestellt. Aus praktischen Gründen blieb mir nämlich nichts anderes übrig, als mit einem weniger wertvollen Kelch, Patene, Hostiendose und Weinflasche durch die Gegend zu fahren. Nun war aber meine Frau verunsichert, ob ich die Gerätschaften für die Kapelle in G. vergessen hatte oder ob dort gar kein Abendmahl stattfinden sollte. Kurz entschlossen setzte sie sich auf das Fahrrad, fuhr nach G. und blieb wie angewurzelt vor der Eichentür der Kapelle stehen. Der Gottesdienst war längst im Gange, und trotz genauen Horchens durch die Tür deutete nichts darauf hin, dass etwas fehlen würde. Und so harrte denn meine Frau pflichtbewusst aus, bis das Schlusslied verklungen war. Wahrscheinlich war dies das einzige Mal, dass ich durch eine Tür hindurch gepredigt und gesungen habe.

Cmersdorf Gemeinde Ruhstadt Prignitz   ludy braun

Die Abkündigungen

Sie sind ein fester Bestandteil jedes Gottesdienstes – die Abkündigungen. Schon die Wortwahl ist jedoch ziemlich seltsam und ein typisches Beispiel für eine antiquierte Kirchensprache (die katholische Version der „Vermeldungen" ist im übrigen keinen Deut besser). Ab-kündigen klingt ein wenig wie das hässliche Ab-kanzeln. Zugleich hat es aber große Ähnlichkeit mit dem Ver-kündigen. Doch ist der Inhalt wirklich so wichtig wie die kostbare Botschaft, die in erster Linie im Gottesdienst ver-kündet werden soll? Sicherlich nicht. Trotzdem sind die Abkündigungen notwendig, um die Gemeinde über bevorstehende Termine, den Zweck der Kollektensammlung und andere aktuelle Dinge zu informieren. Die Formen, die sich dazu entwickelt haben, sind in den einzelnen Gemeinden durchaus verschieden. Altgediente Amtsbrüder haben darauf bestanden, dass ein besonderes Abkündigungsbuch geführt wird. Ich habe diese Sitte stets für überflüssig gehalten, weil die Abkündigungen ihrem Wesen nach nur für den aktuellen Bedarf bestimmt sind und für die Nachwelt mit ziemlicher Sicherheit nicht von Belang sein werden. Seltsame Auswüchse gibt es auch immer wieder bei den zentral vorbereiteten Kollektenempfehlungen. Nicht selten merkt man den umständlichen Texten an, dass sie von Personen geschrieben wurden, die offenbar weitab von durchschnittlichen

Landgemeinden tätig sind. So war es in vielen Fällen angezeigt, die schwülstigen Empfehlungen nicht in vollem Umfang vorzulesen, sondern mit wenigen Worten zusammenzufassen. In größeren Gemeinden ist es zu einer Unsitte geworden, die Zuhörer mit einer Unmenge von Terminen zu bombardieren, die sie unschwer auch im Schaukasten oder im Gemeindebrief hätten nachlesen können. Wesentlich wichtiger sind dagegen solche Abkündigungen, die sich auf Amtshandlungen beziehen. Auf den Dörfern waren es – leider – in der Mehrzahl Beerdigungen. Sie wurden und werden ja mit einer kurzen Fürbitte für die Hinterbliebenen verbunden, die auch als seelsorgerlicher Akt von den Anwesenden erwartet wird.

Ihren Platz haben die Abkündigungen also in der Regel nach der Predigt und dem dazugehörigen Predigtlied. Ich hatte mir angewöhnt, diese Verlautbarungen immer mit derselben Formel einzuleiten, nämlich: Folgendes ist der Gemeinde bekanntzugeben ... Vermutlich hat daran niemand Anstoß genommen, zumal es die Sache zutreffend einleitet und neutral formuliert ist. Unter den Zuhörern in der Muttergemeinde befanden sich nun aber nicht nur ältere Leute, sondern auch einige Konfirmanden. Sie folgten wohl oder übel der auferlegten Verpflichtung, vor der Konfirmation eine gewisse Anzahl von Gottesdiensten zu besuchen. Nach alter Manier wurde der absolvierte Gottesdienstbesuch auf einer kleinen Karte festgehalten und quittiert. Immerhin war dieser Konfirmandenjahrgang für dörfliche Verhältnisse ungewöhnlich groß. Und gottlob gab es in dieser Gruppe einige, die sich ganz willig beteiligten und an diesen und jenen Details Interesse zeigten. Im Nachhinein muss ich aber gestehen, dass mich keine Amtspflicht so sehr ins Schwitzen gebracht hat, wie der Konfirmandenunterricht. Schuld an diesem Zustand war hoffentlich nicht nur mein pädagogisches Unvermögen, sondern der Stellenwert, der diesem „Unterricht" als aufgezwungener Beschäftigung nach einem anstrengenden Schultag beigemessen wurde.

Im Gottesdienst saß nun jedenfalls eine sehr aufmerksame Konfirmandin S., die einen Narren an den Abkündigungen gefressen hatte – nicht etwa wegen des Inhalts, sondern wegen der immer gleichlautenden Einleitungsformel. Wollte ich damit beginnen, mussten wir uns beide zusammennehmen, um nicht an unpassender Stelle im Gottesdienst zu lachen. Die Geschichte haben wir uns noch lange erzählt – die einstige Konfirmandin hat unterdessen erfolgreich Germanistik studiert, und ich habe mir angewöhnt, die Abkündigungen nicht immer mit denselben Worten zu beginnen.

Kirche in Rühstädt · Prignitz

Runder Geburtstag

Zu den unentbehrlichen Werkzeugen im Pfarramt gehört eine Liste der Gemeindeglieder. Noch vor einigen Jahrzehnten wurden in der Regel Karteien geführt, die unter anderem für die Erhebung der Kirchensteuern gedacht waren. In jüngerer Zeit hat natürlich auch in diesem Bereich die Datenverarbeitung Einzug gehalten. Das Ergebnis waren lange Listen von Namen und Adressen, die in gewissen Abständen ausgedruckt wurden. Obwohl sie eine notwendige Arbeitsgrundlage waren, haben sie uns doch viel Verdruss bereitet. Sie mussten nämlich immer wieder auf mögliche Fehler durchgesehen werden. Oft war dafür die Ortskenntnis der Kirchenältesten notwendig. Wurden denn solche Fehler entdeckt, und das war nicht selten, konnten sie aber nicht in Eigenregie korrigiert werden. Die Daten wurden an zentraler Stelle verwaltet, so dass jede Kleinigkeit an die zuständigen kirchlichen Verwaltungsämter weitergegeben werden musste. Trotzdem kam es des öfteren vor, dass dieselben Fehler im nächsten Ausdruck erneut auftauchten.

Aber wie dem auch sei, die Listen waren wichtig, um Geburtstagsbesuche zu planen. Besucht wurden alle Gemeindeglieder, die ihren 70., 80. oder 90. Geburtstag feierten. Die über Neunzigjährigen hatten das Privileg, jährlich aufgesucht zu werden. Die kirchliche Feier von

Goldenen Hochzeiten kam dagegen, gemessen an der Vielzahl der Geburtstage, nur selten vor. Von den meisten Jubilaren wurde es wohl auch durchaus erwartet, dass sich der Pastor zu diesem besonderen Anlass sehen lässt. Aus meiner Perspektive waren diese Besuche, so notwendig sie waren, doch auch mit mancherlei Schwierigkeiten verbunden. Das geringere Problem war wahrscheinlich der viele Kuchen, der zu diesen Gelegenheiten aufgetischt wurde und ebenso wie das viele Sitzen zu einer ungesunden Lebensweise zwang. Das größere Problem bestand darin, dass man in vielen Fällen in eine Familienfeier hineinplatzte, aber nur wenige Anwesende persönlich kannte. In einer solchen größeren Runde war es natürlich unmöglich, mit dem Jubilar in Ruhe zu reden oder seine Lebensgeschichte anzuhören. In relativ seltenen Fällen kam es vor, dass der Pastor wie ein Kuriosum auftauchte, weil er das Gemeindeglied gar nicht kannte. Das hatte natürlich seine Ursache darin, dass die betreffenden Personen zwar auf der erwähnten Liste standen, sich aber niemals am kirchlichen Leben beteiligten. Abgesehen von diesen schwierigen Fällen kommt aber diesem Besuchsdienst sicherlich eine sehr wichtige Funktion zu. In verstärktem Maße gilt dies natürlich für Krankenbesuche. Sie setzten in der Regel eine Information aus der Gemeinde voraus, dass dieser oder jener doch besucht werden müsse. In vielen Fällen war dann eine recht zeitaufwändige Fahrt in das nächstgelegene Krankenhaus notwendig. Wenn es also nach dem tatsächlichen Bedarf gegangen wäre, dann hätte der pfarramtliche Arbeitstag wohl mehr als 24 Stunden haben müssen. So bleibt der Seelsorger auch dann so manches schuldig, wenn er keine großstädtische Gemeinde zu versorgen hat. Aber auch die Aufnahmefähigkeit eines Pfarrers stößt unweigerlich an Grenzen.

Nun blieb es mir nicht erspart, dass die erwähnte Fehlerhaftigkeit der Namenslisten peinliche Auswirkungen hatte. Eines Tages machte ich mich auf, um Frau T. zu besuchen, die laut Liste einen runden Geburtstag zu begehen hatte. Ich hatte wie immer einen Blumenstrauss oder eine andere Kleinigkeit als Geschenk dabei und steuerte frohen Mutes das betreffende Haus an. Die Angehörigen freuten sich auch durchaus über mein Erscheinen, aber sehr schnell stellte sich im Gespräch heraus, dass der Termin nicht stimmte und der Geburtstag in Wahrheit erst noch bevorstand. Das war einigermaßen blamabel, aber weil Frau T. in ihrem hohen Alter längst nicht mehr alles klar erfassen konnte, fiel ihr mein Missgeschick gar nicht erst auf. Dafür sang sie gern, konnte sich an die alten Melodien erinnern und freute sich über den unverhofften Besuch.

Bei einer anderen Gelegenheit hatte ich mich schon zu einem Besuch bei Frau H. bereitgemacht. Zum Glück hat mich meine Frau rechtzeitig davon abgehalten, denn Frau H. war bereits verstorben. Schuld war die Geburtstagsliste, die schon am Ende des vorhergehenden Jahres angefertigt worden war, aber natürlich auch meine eigene Zerstreutheit.

Werbung für die Kirche

In der Kirchengemeinde R. spielte das Thema „Offene Kirche" eine ausgesprochen wichtige Rolle. Grund dafür war die Tatsache, dass das Dorf wegen seines außerordentlichen Storchenreichtums von zahlreichen Touristen aufgesucht wurde. So ergab sich die für ein Dorf sehr ungewöhnliche Situation, dass auch die Kirche während des Sommerhalbjahres von zehn- bis zwölftausend Besuchern besichtigt wurde (wir haben sie wirklich mit Strichliste gezählt). Eigentlich hätte es auch die Kirche um ihrer selbst willen verdient, so zahlreich besucht zu werden, weil sie ein ungewöhnlich reichhaltiges Inventar aufzuweisen hat. Die meisten dieser Inventarstücke sind auf das engste mit der Geschichte der einstigen Gutsbesitzer und Kirchenpatrone verbunden. Es lohnt sich daher auf jeden Fall, sich durch diese Kirche führen zu lassen – nicht nur deshalb, weil schon Fontane sie aufgesucht hat. Sonderausstellungen in der ehemaligen Patronatsloge, sei es Holzkunst oder Malerei, waren noch ein zusätzlicher Anziehungspunkt. Das Offenhalten der Kirche war jedenfalls nur deshalb möglich, weil sich engagierte Gemeindeglieder bereitfanden, ihre Zeit für diesen Zweck zu opfern. Dieser Dienst dauerte in der Regel zwei Stunden, so dass für einen Nachmittag mit vier Stunden Öffnungszeit bereits zwei Ehrenamtliche notwendig waren. Für diejenigen, die es selbst ausprobiert haben, wurden die zwei Stunden schon recht lang. Besucherströme lassen sich bekanntlich nicht planen, so dass einem plötzlichen Ansturm lange Zeiten der Stille folgen können.

Touristen sind eine Gattung Mensch für sich, und so war es durchaus interessant, das Verhalten der Kirchenbesucher zu beobachten. Sicherlich waren viele Besucher positiv überrascht, eine so reich geschmückte und gepflegte Kirche vorzufinden, obwohl sie doch in erster Linie das Naturerlebnis gesucht hatten. Selbstverständlich war dieser erfreuliche Zustand der Kirche sicherlich nicht. Insbesondere mein Amtsvorgänger hatte sich nämlich um die fachgerechte Sanierung der Kirche von innen und außen sehr verdient gemacht. Bei den Touristen ließen sich natürlich alle Abstufungen von Interesse beobachten. Während die einen nur einen flüchtigen Blick hineinwarfen und alsbald wieder umdrehten, hielten sich andere lange auf und studierten alle Denkmäler in der Kirche genau. Es fehlte auch nicht an einem Schriftentisch, einem gedruckten Kirchenführer und entsprechenden Postkarten. Und für all dies gab es auch einen Spendenkasten am Ausgang der Kirche. Der Ertrag dieses Spendenkastens konnte sich für die kleine Kirchengemeinde durchaus sehen lassen, war aber gemessen an der Besucherzahl trotzdem gering. Man darf also nicht nur in diesem Falle davon ausgehen, dass die Zugänglichkeit dieser kulturhistorisch so wichtigen Orte dankbar angenommen wird, die Finanzierung der Unterhaltungskosten aber stillschweigend aus anderen Quellen erwartet wird.

Eine Begegnung der besonderen Art ergab sich an einem Sommertag, als sich viele Touristen im Dorf befanden und ich selbst den Kirchendienst übernommen hatte. Wir hatten wie immer einen Aufsteller mit dem Schild „Offene Kirche" vor die Tür gestellt, mit dem uns der Förderkreis Alte Kirchen einige Jahre zuvor freundlicherweise auf die Sprünge geholfen hatte. Ich stand, um mich ein wenig aufzuwärmen, vor der Tür in der Sonne, als ein Besucher mittleren Alters vorbeischlenderte. Nach seiner Aussprache zu urteilen, war es wohl ein Berliner. Und nach der nicht eben vornehmen Berliner Art äußerte er sich hörbar abfällig über das erwähnte Schild. Seine Bemerkung kann ich nicht mehr wörtlich wiedergeben, aber es missfiel ihm offenbar, dass die Kirche es nötig hätte, nun auch Werbung für sich zu machen. Geld hätte sie ja ohnehin genug. Ich konnte nun diese Bemerkung nicht überhören und reagierte auch darauf, weil ich es durchaus nicht anstößig fand, dass ausgerechnet diese Kirche und diese Kirchengemeinde auf sich aufmerksam machte. Der mutmaßliche Berliner war nun offensichtlich irritiert, zumal er nicht damit gerechnet hatte, auf den Pfarrer des Ortes in Zivilkleidung zu stoßen. Er brabbelte irgendetwas vor sich hin und ging dann

seines Weges, ohne die Kirche von innen betrachtet zu haben. Wahrscheinlich wäre es ihm
lieber gewesen, bei seinem Dorfrundgang nicht
von der Kirche gestört zu werden. Mich aber
hat diese Begegnung, die nun wirklich eine
Ausnahme war, eher in der Meinung bestärkt,
wie wichtig es ist, Präsenz zu zeigen. Die Teil-
nehmerzahl der Gottesdienste ist durch diese
Aktion „Offene Kirche" sicherlich nicht gestie-
gen. Aber der treue Dienst aller Ehrenamtli-
chen ist gewiss eine gut investierte Zeit gewesen, nicht zuletzt deshalb, weil es die Verbun-
denheit der Gemeinde mit „ihrer" Kirche ohne
Frage gestärkt haben wird.

Löcher in den Schuhen

Gelegentlich soll es ja auch Pastoren geben, die so sehr in ihre geistliche Aufgabe vertieft sind, dass sie keinen besonderen Wert auf ihre äußere Erscheinung legen. Frühere Generationen von Pfarramts-Kandidaten wurden denn auch daran erinnert, dass das Beffchen gefälligst gestärkt und gebügelt zu sein hat und die Fingernägel sauber und geschnitten sein müssen. Dank meiner Schwiegermutter strahlten meine Beffchen (natürlich uniert und daher halb zusammengenäht) auch in einem tadellosen Weiß, wenngleich sie nur schwer zu bügeln waren. So versteht es sich von selbst, dass zu einem würdigen preußischen Talar auch weder Jeans noch Sandalen getragen werden können. Vielmehr sollte sich auch das Schuhwerk in einem ordnungsgemäßen Zustand befinden und vor nicht allzu langer Zeit geputzt worden sein. Einmal kam ich freilich nicht umhin, ein klein wenig gegen diese Regeln zu verstoßen. Es stand wieder einmal ein plattdeutscher Gottesdienst bevor. Diese für die Mark Brandenburg doch recht ungewöhnliche Art der Verkündigung hatte ich gewissermaßen unfreiwillig geerbt. In die Prignitz eingeführt hatte diese Sitte ein älterer Amtsbruder, der dieser Sprache von Hause aus mächtig war und sich außerordentliche Verdienste um ihre Pflege erworben hat. Ich aber hatte als Stadtkind nur sehr selten etwas Plattdeutsches gehört, eigentlich nur bei

Besuchsreisen nach Mecklenburg. Hinzu kam allenfalls ein wenig Lektüre plattdeutscher Geschichten in der Zeitung oder in älteren Heimatheften. Besser gelernt habe ich diese altehrwürdige Sprache erst als Erwachsener, und zwar durch meine Schwiegermutter. Da nun in weitem Umkreis niemand mehr zu finden war, der einen plattdeutschen Gottesdienst hätte halten können, musste ich mich selbst darin üben.

Die Vorbereitungen zu diesen Gottesdiensten waren doch recht aufwändig. Ging mir das Predigtschreiben auch hochdeutsch nicht leicht von der Hand, so war es plattdeutsch noch deutlich schwieriger und zeitraubender. Außerdem mussten die gottesdienstlichen Lesungen für die Lektoren übersetzt und dem regionalen Dialekt angepasst werden. Der ganze Aufwand war allerdings heilsam und lehrreich, weil die Sprache dazu zwingt, auch die Dinge des Glaubens einfach und verständlich auszudrücken. Hochtrabende theologische Betrachtungen und tiefsinnige philosophische Erwägungen sind nun einmal nichts für das Plattdeutsche. Die ganze Arbeit musste freilich nebenbei, und das heißt im wesentlichen an den Wochenenden geleistet werden. Und so reiste das Material ebenso wie unsere Familie zwischen der Arbeitsstelle in Brandenburg an der Havel und unserer Prignitzer Heimat hin und her.

Zu jener Zeit waren wir darüber hinaus auch noch mit dem Umbau des eigenen Hauses beschäftigt. Für Arbeit war also reichlich gesorgt, und die Heimfahrten am Wochenende entwickelten sich zu einem logistischen Problem, vor allem für meine Frau. Ich hatte immerhin an mein Material gedacht – Ablaufplan, Liederzettel, Predigt sowie Talar und Beffchen. Kurz vor dem Gottesdienst fiel mir mit Schrecken ein, dass ich die guten Schuhe in Brandenburg vergessen hatte. Da die Sandalen nun nicht in Frage kamen, stand nur ein Paar schwarzer Schuhe zur Verfügung, das inzwischen weitgehend ausgedient hatte. Ich hatte sie deshalb auf der Baustelle getragen, hatte sie zum Holzhacken und Pilzesuchen an und lange nicht geputzt. An einigen Stellen löste sich das Leder langsam in Wohlgefallen auf, aber es half nichts: Sie mussten mit reichlich Schuhcreme wieder hergerichtet werden. Unterdessen malte ich mir aus, was die Leute wohl denken würden. Vielleicht hieß es dann später ja: Ach, dat is de Paster mit de Löcker in't Schoh! Aber nichts dergleichen ist passiert. Niemand wird sich um meine Schuhe gekümmert haben, die immerhin doch anständig geputzt waren. Und überhaupt: Ich habe ja auch nicht im Berliner Dom gepredigt, sondern in der Dorfkirche von K. Über deren ausgetretene Stufen sind im Laufe der Jahrhunderte sicherlich schon ganz andere Schuhe gelaufen. Und der eigentlichen Botschaft werden auch solche Exemplare nicht abträglich gewesen sein.

Kletzke Gemeinde Plattenburg   Andij Krause

Epilog: Ein Silvestertraum

Nur selten bleiben uns Träume so genau in Erinnerung, dass wir sie noch nach dem Aufwachen mit hinreichender Genauigkeit erzählen können. Was unser Gehirn mit dieser nächtlichen Selbstbeschäftigung bezweckt, sei für unsere Zwecke dahingestellt. Jedenfalls ist die nachstehende Aufzeichnung keine literarische Fiktion, mit der die vorstehenden Anekdoten einen passenden Abschluss erhalten sollen. Vielmehr handelt es sich um einen tatsächlich erlebten Traum, mit dem ich am Silvestertag des Jahres 2017 aufgewacht bin. Der Ort des Geschehens war die Dorfkirche in Klein ..., ein recht stattlicher Backsteinbau von anno 1904. Weniger stattlich war im Normalfall das dortige Gemeindeleben zu nennen, und dementsprechend mager fiel auch der übliche Gottesdienstbesuch aus. Längst waren auch hier die Zeiten vorbei, als noch ein Pfarrer im Ort selbst wohnte. Der letzte Vertreter dieser jahrhundertealten Tradition hat noch in seinem Ruhestand bis 1976 auf einsamem Posten gegen die kirchenfeindliche Ideologie jener Zeit ausgeharrt. Übriggeblieben ist nur das Pfarrgrundstück mit einer riesigen Pfarrscheune. Im Pfarrhaus selbst ist noch ein bescheidener Gemeinderaum für kirchliche Zwecke reserviert, wenn es in der ungeheizten Kirche im Winter gar zu ungemütlich wird.

Der Traum war vor allem deshalb überraschend, weil die Kirche auf den ersten Blick ganz gut mit Menschen gefüllt war, als ich dazukam. Aber der erste positive Eindruck blieb nicht lange bestehen. Auf den zweiten Blick herrschte ein ziemliches Durcheinander und alles andere als eine gesammelte Stille, die auf den Beginn des Gottesdienstes hingedeutet hätte. Trotzdem bahnte ich mir den Weg zum Lesepult, um dort meine Sachen zurechtzulegen. Doch bei dem Versuch, das besagte Pult an die richtige Stelle zu rücken, zerfiel es in zahlreiche Einzelteile. Offenbar hatte der Holzwurm so gründliche Arbeit geleistet, dass das Pult auch einer nur geringen Belastung nicht mehr standhielt. Währenddessen sah ich einen mir bekannten Mann mittleren Alters in der Kirche, der auch im Ort wohnte. Ich nahm an, dass er mir nach dem Missgeschick mit dem Lesepult helfen würde, zumal er praktisch veranlagt war. Aber nichts dergleichen geschah. Er sah sich teilnahmslos um, als ob ihn das Treiben in der Kirche nichts angehen würde.

So wollte ich denn Richtung Altar gehen, die staubigen Trümmer des Pultes wohl oder übel hinter mich lassend. In diesem Moment erreichte mich die keifende Stimme einer älteren Frau, die ich nicht kannte. Von der Empore herab redete sie pausenlos auf mich ein. Wenn ich mich recht erinnere, wollte sie mir klarmachen, dass mir der rechte Geist fehlen würde. Nur solche Leute hätten in der Kirche ein Recht zur Verkündigung, die aus dem wahren

Geist leben würden. Eine ganze Weile hörte ich mir diesen Redeschwall an, bis mir der Kragen platzte und ich darauf antwortete. Allerdings führten meine Erwiderungen nicht dazu, dass die unbekannte Frau geschwiegen hätte. Irgendwie redeten wir gleichzeitig in einem fort, ohne dass die anderen Menschen in der Kirche davon Notiz nahmen. Schließlich wurde es mir zu bunt, und mir kam in den Sinn, wie zwecklos alle denkbaren Argumente sind, wenn man es mit einem fanatischen und verbohrten Gegenüber zu tun hat.

Als nächstes fiel mir auf, dass sich eine ganze Gruppe von Kindern durch die Kirche bewegte. Auch dies war ein ungewohnter Anblick, weil es meiner Meinung nach gar nicht mehr so viele Kinder in diesem Dorf gab. Und schon gar nicht waren die Reste kirchlicher Arbeit in der Lage, die noch vorhandenen Kinder und Jugendlichen in gebührender Weise mit einzubeziehen. Und so war es auch mit dieser Gruppe, die sich planlos, aber durchaus nicht geräuschlos durch das Innere der Kirche bewegte. Es hatte jedenfalls nicht den Anschein, als ob die Kinder – singend oder spielend – etwas zu dem seltsamen Geschehen beitragen wollten. Ich schaute mich daher in einer anderen Ecke des Raumes um. Dort saßen eine Reihe von Gästen, die nach meiner Vermutung aus einem fernen Land kamen, vielleicht aus Peru. Von einem Mann in schwarzer Kleidung nahm ich an, dass es der dazugehörige Pfarrer sein

müsse. Er berichtete etwas von den Lebensumständen der Menschen und Gemeinden in seiner Heimat, was mir interessant und lehrreich
erschien. Aber auch hier hörte außer mir augenscheinlich niemand zu. Das Stimmengewirr
der einzelnen Gruppen ebbte nicht ab, so dass
kein gemeinsames Tun, geschweige denn ein
gewöhnlicher Gottesdienst möglich war.

Hier endete mein Traum, der bei mir ein merkwürdiges Gefühl des Unwohlseins hinterließ.
Nun kann man sehr verschiedener Ansicht sein,
ob solche Träume einen tieferen Sinn haben
oder nur ein Produkt überschießender Fantasie
sind. Dieser Traum hat mich immerhin nachdenklich gemacht. Denn sein Inhalt mutet wie
eine Zusammenfassung derjenigen Probleme
an, mit denen unsere Kirche in Gegenwart und
Zukunft zu kämpfen hat: Zunächst ist es die eigene Unfähigkeit, die vorhandenen Chancen zu
ergreifen und die widerstrebenden Interessen
in eine gemeinsame Richtung zu lenken. Die
Schuld liegt dabei sowohl bei den sogenannten
Amtsträgern als auch bei den sogenannten Laien. Ferner: Das Alte und Morsche, im Traum
verkörpert durch das Lesepult, bricht zusammen, ohne durch etwas Neues ersetzt zu werden. Das aber, was es zu lernen gibt, wird nur
zu selten auch gehört. Und nicht zuletzt gibt es
fremde und falsche Lehre zuhauf, die von den
Köpfen der Menschen Besitz ergreift. In gewisser Weise war es also ein apokalyptischer
Traum. Eigentlich, so denke ich mir, müsste

er eine Fortsetzung haben, die alles zum Guten wendet. Denn auch am Ende der Bibel (Offenbarung 21, 5) heißt es ja: Siehe, ich mache alles neu!